成就员工

沈东军的管理私房课

沈东军 著

机械工业出版社
China Machine Press

图书在版编目（CIP）数据

成就员工：沈东军的管理私房课 / 沈东军著 . -- 北京：机械工业出版社，2021.4
ISBN 978-7-111-67829-8

I. ① 成⋯　II. ① 沈⋯　III. ① 企业管理 – 人事管理 – 研究　IV. ① F272.92

中国版本图书馆 CIP 数据核字（2021）第 052434 号

成就员工：沈东军的管理私房课

出版发行：	机械工业出版社（北京市西城区百万庄大街 22 号　邮政编码：100037）
责任编辑：	华　蕾　闫广文
责任校对：	殷　虹
印　　刷：	北京文昌阁彩色印刷有限责任公司
版　　次：	2021 年 4 月第 1 版第 1 次印刷
开　　本：	147mm × 210mm　1/32
印　　张：	10.5
书　　号：	ISBN 978-7-111-67829-8
定　　价：	69.00 元

客服电话：（010）88361066　88379833　68326294　　投稿热线：（010）88379007
华章网站：www.hzbook.com　　读者信箱：hzjg@hzbook.com

版权所有・侵权必究
封底无防伪标均为盗版　　本书法律顾问：北京大成律师事务所　韩光 / 邹晓东

推 荐 序

点燃心火,成就员工

何为企业家?答案五花八门,见仁见智。在我看来,能把企业家从林林总总的企业法人、生意人中凸显出来的,有以下三条可见的标准。

- 企业家有超越利润之外的追求,一是原则,二是远景。
- 企业家的生存方式是创新,而非套利。
- 企业家有自己的经营哲学,且知行合一。

企业家是人山人海里的特立独行者。真正的企业家,伟大的企业家,也当对自己的角色有相当的认知与期许。

- 先行者。启迪智慧需要先知者，改造现实需要先行者。天不生仲尼，万古如长夜。天不生爱迪生，也万古如长夜。人云亦云者，亦步亦趋者，不是企业家。企业家会对趋势与机会感知敏锐，行动敏捷。

- 建设者。他们解放了自己的心灵。如果不是改造这个世界，那就不要跟它对抗，而要去建设它。阴也罢，晴也罢，风也罢，雨也罢，他们只是赶路，只是前行。卢作孚说："最好的报酬是求仁得仁——建筑一个美好的公园，便报酬你一个美好的公园；建设一个完整的国家，便报酬你一个完整的国家。这是何等伟大而且可靠的报酬！它可以安慰你的灵魂，它可以沉溺你的终身，它可以感动无数人心，它可以变更一个社会，乃至于社会的风气……"

- 点火者。通过领导力与机制设计，他们点燃员工的心头之火，照亮并温暖客户，造福社会。

所以，企业家也是成就者。他们通过成就员工，从而成就顾客，进而成就一个更美好的社会。

先贤有云，"己欲立而立人，己欲达而达人"。学校是知识的传播地，企业则是人格的修炼场。企业家就是要成己达人，正己安人。

大家手上的这本《成就员工》里说，"管理就是经营人"。有了美好的人，美好的社会才成为可能。

正是在这个意义上，"正和岛书系"一直鼓励优秀的企业家与思想家，将自己的管理方略、人生经验与思想成果分享出来，造福商界，利世道，益人心。很高兴在先后推出《本质》《进化》《N种可能》《大国大民》《华为访谈录》等一系列品质与市场表现俱佳的好书之后，"正和岛书系"又迎来了沈东军的重磅力作《成就员工》。

沈东军是莱绅通灵的创始人和CEO，就像他经营的珠宝一样，他也是一个"多面发光体"。他创立的莱绅通灵是珠宝行业的领军品牌，是诸多演艺明星的当然之选。他写的《成就员工》，是一本知行合一的著作。在这本书里，沈东军将自己多年的思想与思路、心法与干法和盘托出。洞察直击本质，金句俯拾皆是。很多思想火花与管理实招都能予人启迪，让人受益。可以说，沈东军的这门"私房课"，是一份送给企业人的精神大礼，是一份十分可贵的公共财富。

货不必藏于己，力不必为己。我们也期待，有更多的企业家像沈东军一样，用自己的经验、心力、智慧点起一盏灯，照亮后来人的路。如梁启超所言："一个人来这世界上一趟，住几十年，最少要对于全世界人类和文化，在万仞岸头添上一撮土。"

陈为

正和岛总编辑、"正和岛书系"总策划

前　言

"成就员工"已被写入莱绅通灵的愿景,是企业文化的重要组成部分。我想,一定会有很多人觉得"成就员工"太虚了,只是一个商业噱头而已。

为此,有必要介绍一下生物学家理查德·道金斯在《自私的基因》一书中所阐述的颇为"离经叛道"的假说:人不过是基因的载体,驱动人的行为的,是人身体里的基因。所谓"自私的基因",不是说人是自私的,而是说人身体里的基因是自私的。自私的基因在驱动人的行为,虽然每个人看似有主观意识,但实际情况是,基因在很大程度上决定了每个人的行为。道金斯的"自私的基因"假说已得到主流学者的普遍认可。

据此,如果把企业比作人的身体,把企业的员工比作人的基因，则企业的员工决定了企业的行为。同样，因为基因是自私的，所以员工也是自私的。当领导者明白了员工"自私"的本性后，企业的文化、制度、流程、培训等就会发生根本性的改变。

所以，"成就员工"是企业"行走江湖"的必然选择。华为、阿里巴巴、海底捞、海尔，这些成功企业之所以能激发员工的工作热情，就是因为其背后都有"成就员工"的内核。

"成就员工"不是简单地发钱。帮助员工成长，是形成可持续的员工和企业相互成就的飞轮效应的手段。

本书中的大部分内容，是我从2018年开始陆续给员工写的管理类文章。文章写好后，就通过内部工作群转发给各级管理人员，各级管理人员再通过他们的工作群转发给所有员工。后来，正和岛微信公众号也刊发了一些我的文章。其中有些文章的阅读量达数百万次。

为了培养莱绅通灵的管理团队，我在内部为管理人员开设了与过去的私塾类似的"东塾堂"（哲学与管理培训班）。东塾堂的使命是：智慧加持，陪伴成长；成就你我，明白人生。本书里的很多内容都取自"东塾堂"的教材，因此，说本书是我的管理私房课并不为过。

和市面上汗牛充栋的管理类书籍相比，这本书有以下特点。

第一，真问题，真答案。

本书中的所有问题，都是我在领导莱绅通灵时遇到的真实问题（我相信，其中的大部分问题，其他企业也会遇到），都很棘手，本书记录了我的解决思路和方法。这些思路和方法切实解决了当时的问题。希望这些来源于真实场景的经验，能对其他企业的管理人员有一定的借鉴意义。

第二，看得懂，学得会。

最初写这些文章，是为了解决企业的实际问题，文章的第一读者是企业内的管理人员。为了让普通的管理人员都能看懂这些文章，我尽量写得深入浅出，还举了大量工作和生活中的例子来进行说明，让抽象的管理知识形象化、生动化，易于理解。另外，本书中的每一课都独立成章，字数大多几千字，读者可以从其中任何一课开始看起，基本不会有什么阅读压力。

第三，哲理性，底层逻辑。

知识有四个层面：现象层面、技术层面、科学层面、哲学层面。大部分管理类书籍只在技术层面探讨问题，最多触及科学层面，而本书中的很多内容是哲学层面的思考。哲学研究的内容之一是"科学前瞻"。具备科学前瞻性的事物，通俗地说，就是在逻辑上可行但现实中还没有实现的事物。比如当年马云的淘宝项目、张一鸣的抖音项目，就是在现实中没有先例但逻辑上可行的项目。如果我们要对这类项目做出正确的投资决策，就必须具备哲学思维。如果只用科学思维来"验证"此类项目，将很难做出正确判断。在互联网时代，新的商业模式层出不穷，企业管理者必须具备哲学思维才能更好地指导决策。

第四，兼顾管理者视角和被管理者视角。

最好的管理是成就员工。本质上，管理者和被管理者的利益并不矛盾，而是一致的，所以本书兼顾管理者视角和被管理者视角，强调在管理者和被管理者之间形成相互成就、相互赋能的"飞轮效应"。

本书展现了一名创业近30年的商场老兵的管理思想，以及对新时代、新挑战下的各种企业管理问题的解决方案，相信会对创业者、各级管理人员及在职场拼搏的大部分普通员工有一定的启发。

书中难免存在一些偏颇和不正确的地方，在此敬请读者批评指正！

书中的很多内容和观点，受到很多专家学者的启发，在此谨向给我启发和引导的所有导师表示真诚的感谢！

本书的出版，还要特别感谢机械工业出版社的各位老师，包括王磊、佘广、岳占仁、郑琳琳、郭超敏、吴雨靖等，他们为使本书能更好地呈现在读者面前付出了很多努力。同时，也要感谢莱绅通灵企业文化运营部的刘夏夏和朱文靓，她们绘制了本书的思维导图。感谢你们！

沈东军

2021年2月

目 录

推荐序

前言

成长的第一责任人是自己

第1课　我们为什么总在成功和失败之间摇摆　/ 3

第2课　破解"增长焦虑"的良药是打破"成长上限"　/ 13

第3课　用无限游戏消解时代焦虑　/ 23

第4课　六个人才档次,你在哪个级别　/ 30

第5课　复盘,让你精进每一天　/ 36

第6课　优秀员工,都具有阿甘的"傻"和曾国藩的"呆"　/ 40

人生高度取决于心智模式

第7课　什么是心智模式　/ 47

第 8 课　你和大师的差距只是心智模式的差距　/ 56

第 9 课　271 是大自然法则　/ 63

第 10 课　向死而生，逆向思维　/ 70

第 11 课　做对，而不是没做错　/ 76

第 12 课　消灭问题而不是解决问题　/ 82

第 13 课　模型，战胜动物性思维的利器　/ 86

第 14 课　防熵增是生死命题　/ 103

管理就是经营人

第 15 课　人才裂变，管理者的使命　/ 115

第 16 课　人才五力模型让"识才"不再难　/ 119

第 17 课　比 KPI 更重要的，是人才价值评估　/ 126

第 18 课　精英小团队让组织更健康　/ 133

第 19 课　好上级都是躬身入局者　/ 138

第 20 课　我把同事变同学，长期陪伴，深度影响　/ 142

第 21 课　游戏化，领导者的新装备　/ 150

第 22 课　提升领导力的四项修炼　/ 162

好组织才能"长"出好绩效

第 23 课　从金字塔型组织走向罗盘型组织　/ 173

第 24 课　管理者，千万别把好经念歪了　/ 182

第 25 课　好绩效，是从好组织的土壤里

　　　　　"长"出来的　/ 191

第 26 课　源头思维，高手的思维模式　/ 202

第 27 课　企业管理之道：管理用机械论，
　　　　　发现用进化论　/ 212

第 28 课　管理最重要的两件事：调整结构和
　　　　　设计模型　/ 220

第 29 课　最好的管理是"不管理"　/ 228

第 30 课　关注亮点员工，用他们去点亮组织　/ 236

从"做事"跃升到"做势"

第 31 课　想成功，就要从"做事"跃升到
　　　　　"做势"　/ 245

第 32 课　成功不难，只要找到你的小飞轮　/ 256

第 33 课　揭秘莱绅通灵战略飞轮　/ 261

第 34 课　要么成为爆款，要么被爆款消灭　/ 266

第 35 课　怎样用"意外感"升级品牌　/ 276

使命是职场人的灵魂

第 36 课　使命，人生能量的管理　/ 289

第 37 课　使命，让实现梦想有了阶梯　/ 301

第 38 课　企业通过使命打造核心竞争力　/ 305

第 39 课　员工通过使命练就职场绝活　/ 309

第 40 课　如何找到自己的使命　/ 314

个人成长篇

成长的第一责任人是自己

- 没有取得成功的人,他们不是没有努力过,只是他们把太多的精力投入到了短期突破上,而不是良好习惯的养成上。不是习惯驱动的成功,终将成为过去。

- 任何事物都有它的成长上限。当成长上限出现时,首要任务是打破成长上限,否则其他努力都是徒劳的。很多成长上限是假上限,只要用心,假上限都可以被打破。

- 往上走会很辛苦,但越往上走,对手越少,反而变得轻松了。工作懈怠的人,自以为轻松,其实身在低处,对手更多,竞争更残酷。

第 1 课
Lesson 1

我们为什么总在成功和失败之间摇摆

我认识一位年轻女性企业高管,她的身体就像变形金刚一样,一段时间胖,一段时间瘦。最近见到她,感觉她又胖了些。我说,你的身体都要被你折磨死了,一会让它胖,一会让它瘦。她说,没有办法,感觉胖得受不了的时候就强迫自己瘦下来,可是瘦下来后,一不小心又胖了。

这虽然只是一个减肥者的无奈,却激起了我对目标管理进行深度探索的兴趣。

目标管理不是万能的

彼得·德鲁克在20世纪提出的目标管理,已成为企业管理者最重要的管理工具之一。目标管理的确是最有效的管理工具之一,不过企业和个人在实践目标管理的同时,还应该追求"超越目标"的管理,因为目标管理也有局限性。

目标管理诞生于工业化时代,它的基本假设是员工不爱工作,企业需要通过和员工讨论来设定合适的目标,让员工自己去追求目标的达成。达成目标有奖励,达不成就处罚。这种管理模式的本质就是"胡萝卜加大棒"。

因为只有达成目标的员工才有奖励,所以制定目标的过程就成了管理者和员工博弈的过程。

目标管理作为20世纪最伟大的管理工具之一,它的好处毋庸置疑,但是它的一些弊端在后互联网时代也越发明显。

就如我那个反复减肥的朋友,她每次减肥都达成了目标,可是每次又自己摧毁了目标。

企业和个人是否可以通过一种和目标没有关系的、培养习惯的方式,来达到我们想要的效果,而且这种习惯会让我们所想要的效果自然而然地出现呢?

意志力是一种宝贵的资源

英国文学家塞缪尔·约翰逊说,成大事不在于力量的大小，而在于能坚持多久。在决定一个人能否成功的后天因素中，意志力排在第一位。增强意志力，是让生活变得更好的最保险的方式。

美国心理学教授、意志力领域专家罗伊·鲍迈斯特和约翰·蒂尔尼在《意志力：关于自控、专注和效率的心理学》一书中指出，我们大多数人的个人特质中既有先天成分又有后天成分，而且只有极少数的童年时期的优势能够让人在一生中都享受红利，意志力强就是那少数几个能够让人一生享受红利的优势之一，而且非常引人注目。

拥有坚强的意志，才是帮助我们笑到最后、笑得最好、笑得最有意义的秘诀。

意志力是有限的，用一点少一点

有些名人、明星，他们在各自的专业领域做出了杰出的贡献，可是在私德上的表现却让人十分失望。这是因为他们把有限的意志力都投入到了事业上，当事业消耗了他们大量的意志力之后，在工作之外，他们可以调动的意志力就非常少了。

当我们在公司辛辛苦苦工作了一天，消耗了大量意志力之后，回到家里，看见伴侣和孩子，稍微有点不顺眼，就容易发脾气。

意志力不是无尽的资源，在使用之后，它就会减少。这也是为什么专家建议，为了减少吵架的次数，夫妻双方都应该早点下班回家。

长时间的工作会让人精疲力竭，回家后，人们往往没有精力容忍伴侣的坏习惯。在伴侣说了不中听的话之后，多数人都会克制不住自己而反唇相讥。所以，当一个人的工作压力很大，在工作上用完了所有的意志力时，他的婚姻就很有可能出问题。

把养成习惯当作目标，而不是把结果当作目标

既然人的意志力是珍贵的，那么，如果不把它用好，就是极大的"犯罪"。

在生活中，我们习惯给自己制定短期目标，比如这个季度减肥五斤，孩子钢琴考试要过八级，绩效考核要进入前三名，等等。

制定这些切实可行的短期目标，表面上看没什么问题，可是要达成这些短期目标，需要消耗我们很多的意志力，我们是在用珍贵的意志力来换取短期目标的实现。

如果我们换一种方式，不把意志力用在对短期目标的追求上，而是把意志力用在对达成目标的习惯的培养上，结果可能会发生巨大的变化。

我自己过去减肥一直不是很成功，我那时总是喜欢给自己制定短期目标，比如半年减肥五公斤。在减肥的过程中，我每天和自己做斗争，几乎每顿饭、每次运动都在和自己较量——到底吃不吃，吃多少？要不要运动，多大运动量？在这样的较量中，我消耗了大量意志力。

这种以短期目标为导向的方法，有一个很大的副作用，

就是目标一旦达成，坏习惯就会立即反弹。比如减肥，一旦完成目标，就容易放松，然后体重很快就会反弹到当初的水平，甚至更重。

究其原因，追求短期目标的方法是以牺牲意志力来换取结果，而意志力的消耗对身体是一种折磨，在这种折磨下，只要条件具备，身体就会要求回到平常的状态。就像我们把石头推向山顶需要很大的力量，然而稍有不慎，地心引力就会使石头从山顶滚下来。

经过几年失败和痛苦的减肥之后，我改变了策略，我不再把减轻体重作为目标，而是把"养成健康的生活习惯"作为自己的目标。

目标变，行为即变。当我把减肥多少斤的短期目标改为"养成健康的生活习惯"后，所消耗的意志力并没有变大，甚至变小了。我开始全面关注身体，既重视饮食健康，也重视身体锻炼，还重视心理健康和睡眠质量。而且，最重要的改变是，我把珍贵的意志力用在了"习惯养成"上。

目标一旦达成，人就会放松警惕，很可能又从终点回到了起点。而行为习惯一旦养成，所有的行为就不再是对自己的挑战，而是"自然而然"的事了。

我现在已经初步"养成健康的生活习惯"，身体对高盐、高糖、高脂类的食品已经有了本能的排斥，有了这些习惯，体重自然降了下来。现在，因为我的"瘦肉型生活习惯"已经养成，所以根本不担心体重会反弹回去。

要想成功,就要重新定义自己

无数人通过了英语4、6级考试,可还是不能和外国人对话。无数人一辈子和减肥做斗争,可还是失败了。无数管理者和KPI做斗争,可还是没能成为卓越的管理者。

其中最大的问题是,我们把有限的意志力用在了目标的达成上,而没有用在习惯的养成上。假如我们能重新定义自己,把意志力用在良好习惯的养成上,结果就会完全不同。

我们可以尝试把"英语考试考××分"的目标改为"成为一名英语爱好者",把"半年减肥××斤"的目标改为"成为一个饮食健康的人",把对KPI的追求改为"成为一名卓越的管理者"。要把意志力用在"习惯养成"上,而不是短期目标的达成上。

学会的英语会忘记,减掉的体重会长回来,完成的KPI会过期。不会退化的,是我们的习惯和我们是什么样的人。

经常有人问我:你读那么多书,工作那么勤奋,肯定特别辛苦吧?

我的回答是:不读书、不勤奋工作才是最辛苦的事。因为我就是"那样的人",一切已经成为习惯。不按照习惯来做,对我而言,才是最辛苦的。

那些英语没有学好的人,没有养成良好的英语学习习惯;那些减肥没有成功的人,没有养成健康的饮食习惯;那些为KPI焦虑的管理者,没有养成良好的管理习惯。

取得成就的人都有一个共同特点,他们取得成就的领域一定是他们所爱好的领域。很难想象姚明不爱篮球运动，莫言不爱文学，张艺谋不爱电影。

如果你在事业上还没有取得一些成就，你可以问问自己，你对它的爱到底有几分。

如何养成习惯

要想在生活和工作中养成一种习惯，需要做到以下几点。

第一，要"提炼"出这样做的意义。

比如，我们要在达成短期绩效目标和成为一名卓越的管理者之间进行选择，显然成为一名卓越的管理者更有意义。同样，养成健康的饮食习惯显然比减轻体重更有意义。当明白了意义所在，我们就愿意投入意志力去培养相应的习惯，最终让自己成为"那样的人"。

第二，要看清事物的本质。

比如，学习是为了获得知识，但应试辅导班却让考试变成了学习的目的，其实考试只是为了检验学习成绩。如果考试分数很高，而实际知识水平却很平庸，那些成绩就是"浪得虚名"。同样，对于个人而言，工作的目的是在换取劳动报酬的基础上进行修炼，使能力得到提升。如果能明白这一点，自然就清楚应该把"追求KPI得分"还是"成为卓越的管理者"当成目标了。我们要看清事物的本质，找到事物间的因果关系，在"因"上发力。

第三，做事要有结构化的安排。

比如，在学习一种新的工作技能时，我们可以安排固定的时间来学习和实践，直到它变成我们自己的习惯甚至爱好之后，再做调整。高明的健身教练在给新学员安排训练任务时，他安排的运动量会非常小，即使学员要求进行运动量更大的训练，教练也不会同意。教练的目的是培养学员对运动的兴趣，控制学员的运动节奏，之所以不让学员一次练得太多，就是为了避免学员丧失对运动的兴趣。

第四，从养成小习惯开始。

要培养阅读习惯，可以从每天看两页书开始；要培养健身习惯，可以从每天做一个俯卧撑开始；要培养良好的管理习惯，可以从每天和一名员工进行真诚的沟通开始。这些微不足道的小事坚持久了，就会成为真正的习惯，而习惯一旦养成，就会带来意想不到的效果。

小习惯改变人生

18世纪法国有个哲学家叫德尼·狄德罗。有一天，朋友送他一件质地精良、做工考究的睡袍，狄德罗非常喜欢。可当他穿着华贵的睡袍在书房里走来走去时，他总觉得自己的家具不是破旧不堪，就是风格不对，地毯的针脚也粗得吓人。为了与睡袍的档次相匹配，狄德罗先后把书房里旧的东西都换成了新的。终于，书房跟睡袍的档次匹配上了，可是他却觉得很不舒服，因为"自己居然被一件睡袍胁迫了"，于是他就写了一篇文章，叫《与旧睡袍别离之后的烦恼》，来描述这种感觉。

200多年后，美国哈佛大学经济学家朱丽叶·斯格尔在

《过度消费的美国人》一书中,提出了一个新概念——"狄德罗效应"(或"配套效应"),专指人们在拥有了一件新的物品后,不断配置与其相匹配的物品,以获得心理平衡的现象。

任何事物都是进化和发展出来的。狄德罗效应在工作和生活中的正向效应也很普遍。比如,有的人养成了爱阅读的小习惯,慢慢地,普通的书已经很难满足他的阅读需要了,于是他开始不断向知识海洋的深处邀游,最终成了科学家或者某个方面的专家。再比如,一名客户顾问,在立志把自己培养成一名优秀店经理的同时,不断对新的管理知识和管理实践进行探索,慢慢地就会使自己晋升到更高的管理层次。

小习惯不仅可以改善生活、改善工作,而且一定可以改变人生。各种微小的习惯不会简单叠加,而是会产生复合效应,使你迈向新的人生高度。

不仅要关注 KPI,更要关注习惯

过去我的管理理念是"以结果为导向",现在看来,这样的理念是幼稚的。如果员工和管理人员没有养成良好的工作习惯,那么所谓的结果都是虚幻的,随时会随风飘散。如果整个团队练就了扎实的本领,把出色的工作能力内化为组织习惯、团队思维习惯和团队行为习惯,公司所希望的结果自然就能达成。

在莱绅通灵,仍然还有 KPI 考核,但是我们更关注员工的工作习惯,KPI 决定员工能拿多少钱,而员工的工作习惯则决定他能不能在公司继续工作，以及能不能升职。

公司的意志力和个人的意志力一样，都是珍贵的资源，这个资源投向什么，就收获什么。作为管理者，我更愿意把有限的资源，投到公司良好习惯的养成上。

作为管理者，我希望我们的员工在 KPI 上有所突破，同时，我更希望大家能在"良好工作习惯的养成"上有所突破，因为 KPI 会过期，而良好工作习惯的养成，则会让他们不断攀登新的 KPI 高峰。

第 2 课
Lesson 2

破解"增长焦虑"的良药是打破"成长上限"

莱绅通灵的"增长焦虑"

1997年创业之初,我在南京开第一家珠宝店的时候,为了鼓舞员工士气,我告诉大家,我们在南京一定会超过××麟珠宝。××麟是香港的著名珠宝品牌,那时候,它在香港和内地都如日中天,我不敢说要全面超过它,只说在南京要超过它。

尽管只是想在南京超过它,但对于一个在当时刚刚诞生的非常稚嫩的品牌来说,这个目标还是非常大胆的。严格来说,这不是一个目标,而是一个理想,是一个为自己鼓劲,同时鼓舞内部士气的理想。

今天，莱绅通灵在南京和其他一些市场上的销售额，已经超越了香港珠宝品牌的镶嵌品类，可是，莱绅通灵未来在镶嵌品类上能全面超越它们吗？

"轻奢"珠宝的尴尬

2016年，通灵珠宝（莱绅通灵的前身）整体发展不错，无论业绩还是品牌建设都处于行业前列。因为业绩亮眼，品牌信誉良好，它成为首个在上海证券交易所上市的珠宝企业。

"知子莫若父"，通灵珠宝是我亲手带大的，它的长处和短板我了然于胸。通灵珠宝已经遇到了"成长上限"，如果不突破这个上限，公司不仅不会有大发展，还会慢慢衰落。

中国珠宝市场主要分为三大阵营。处在金字塔顶部的是国际高端奢侈品珠宝品牌，如卡地亚、宝格丽、蒂芙尼等；处在金字塔中部的，是香港的各大黄金珠宝品牌和少数几个内地的不甘平庸的轻奢珠宝品牌；处在金字塔底部的，是一些内地的以黄金销售为主的黄金珠宝品牌。

当时的通灵珠宝，采取的是"轻奢定位"，处于金字塔中部。

这个"轻奢定位"，在我看来有两大"痛点"。

第一，金字塔中部是品牌竞争的红海，香港的各大黄金珠宝品牌和内地的几家轻奢珠宝品牌都盘踞在这个位置，品牌定位、款式、市场营销理念都非常趋同，顾客购买的首饰，除了标识（logo）之外，其他的没有什么不同。

第二，说起来是"轻奢定位"，实际上，我们在品牌内涵、文化底蕴、设计能力、营销思路等方面，和位于金字塔顶部的国际高端奢侈品珠宝品牌差距太大。这种差距不是平缓过渡式的，而是断崖式的。

如果把珠宝市场比作汽车市场，国际高端奢侈品珠宝相当于百万元单价的车，而"轻奢"珠宝则相当于二三十万元单价的车。

奢侈品竞争的本质是"血统"战

商家在塑造品牌个性时，会根据各个商品的品类差别或定位差别，赋予品牌不同的价值主张，比如低端品牌多赋予品牌功能利益，中端品牌多赋予品牌情感利益，高端品牌则多赋予品牌象征性利益。所谓象征性利益，说白了就是品牌的"血统"。

目前，国际公认的高端奢侈品品牌，没有哪个是在第三世界国家诞生的，绝大部分都诞生于欧洲，还有少数诞生于美国，而且绝大部分都有上百年的历史，和欧洲王室有深厚的渊源（卡地亚就一直宣传自己的珠宝是"皇帝的珠宝，珠宝的皇帝"）。

也许有人会问，欧洲奢侈品品牌的地位会不会随着欧洲国家国际地位的下降而下降，我认为在可预见的未来是不会的。因为欧洲奢侈品品牌是高度附着于欧洲文化的，它的基因里融入了欧洲的哲学、艺术和历史，这些奢侈品品牌已经成为欧洲的文化符号之一，就如中国的茅台酒、云南白药是中国的文化符号一样。

成长上限，赢者的诅咒

彼得·圣吉在他的《第五项修炼》里详细介绍了成长上限理论。

根据系统动力学理论，增强回路导致成长，但成长总会遇到各种限制，不过大多数的成长之所以停止，却不是因为达到了真正的上限。这是因为，增强回路在导致快速成长的同时，常常会在不知不觉中触发一个抑制成长的调节回路，从而使成长减缓、停顿，甚至导致倒退。

说白了，当遇到成长上限时，第一不要尝试去推动成长，第二要消除限制成长的因素。

成长上限，我们可以简单地把它理解为"木桶理论"。要达成任何一个目标，都需要具备相应的条件，这些必备条件就决定了整个系统的成长上限，就像木桶最短的那块板决定了木桶装水的上限一样。

我相信每个企业家都有自己的梦想，只是这些梦想有大有小。我的梦想是带领企业成为"中国市场镶嵌珠宝品类销售第一的品牌"。

为了实现这样一个大胆的目标，我们必须考虑品牌的成长上限是什么。

我认为通灵珠宝要成为中国珠宝行业的霸主，它的成长上限就是缺乏奢侈品品牌的"贵族血统"。品牌的血统无法改变，品牌的历史无法改变，但品牌的血统和历史恰恰又是珠宝奢侈品品牌的"硬核"条件。

虽然品牌的血统和历史无法改变，但并不代表品牌不能

"嫁接"。2016年,经过比利时王室内部人士介绍,我联系上了1855年诞生于比利时首都布鲁塞尔的莱绅(Leysen)品牌的第六代传人马克塞姆先生。经过交流,他表明有意转让股权。

莱绅品牌在比利时拥有上百年的为王室服务的历史,曾有多位比利时王后在加冕时佩戴了由莱绅设计制作的比利时国宝"九省王冠"(见图2-1),比利时王室成员在出席重要活动时,也经常佩戴由莱绅设计制作的珠宝首饰。

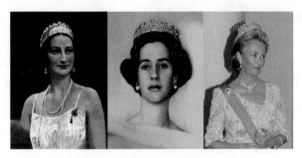

图2-1 历任比利时王后佩戴莱绅"九省王冠"

莱绅至今仍拥有由比利时王室颁发的"比利时王室珠宝指定供应商"执照(见图2-2)。莱绅在比利时是公认的"国宝级"珠宝品牌。

2017年4月,通灵珠宝对莱绅进行战略性投资,收购其87%的股份。随后,通灵珠宝更名为"莱绅通灵珠宝公司",品牌中文名变更为"莱绅通灵",品牌英文名直接用"Leysen"。

比利时王室珠宝品牌莱绅和通灵珠宝的品牌嫁接,彻底解决了通灵珠宝奢侈品血统的短板,破除了公司未来冲击中国珠宝业霸主地位的成长上限。

图 2-2　比利时王后为莱绅颁发"比利时王室珠宝指定供应商"执照

莱绅珠宝的降维打击

经常有人问我,莱绅在欧洲是王室品牌,和卡地亚、路易威登一样,属于"血统纯正"的奢侈品牌,到中国后,为什么把定位降低了?

我说,旧时王谢堂前燕,飞入寻常百姓家,莱绅在中国的品牌战略是降维打击。

什么是降维打击?举个例子,就是 NBA 球队去参加 CBA 联赛。

我是这样思考的:首先,虽然莱绅和那些全球顶级奢侈品品牌一样,拥有悠久的历史、王室血统、独特的设计风格和独家工艺,但是顶级奢侈品市场是红海市场,莱绅和它们竞争并没有获胜的把握；其次，顶级奢侈品市场的容量有限，如果把品牌定位适当下移，瞄准国内中高端品牌与国际奢侈品品牌之间巨大的蓝海地带，市场会非常广阔（见图2-3）。

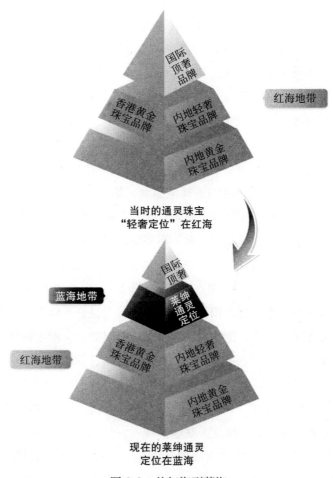

图2-3　从红海到蓝海

王室品牌为"通灵"的赋能，让公司能够突破成长上限，开启第二增长曲线。虽然突破成长上限的过程充满了艰辛，甚至惊涛骇浪，但是成长上限的打开，为公司和员工的发展带来了新的想象空间。

因为拥有王室品牌，莱绅通灵的愿景、使命、价值观全面升级。新的企业愿景是：成就员工，造就世界级优秀珠宝企业。新的企业使命是：赋能王室品位。

经常有人质疑我，莱绅通灵为什么要定位为"王室珠宝"，毕竟中国不像欧洲，没有王室文化。提出这种质疑的，男性居多。

每当被男性质疑的时候，我都会让质疑者立即打电话给他的太太或女朋友，说今年情人节想买一件珠宝首饰送她，有三个选择，第一是内地珠宝品牌，第二是香港珠宝品牌，第三是欧洲百年王室珠宝品牌，问对方选哪个。

当他们得到答案后，就不再质疑我了。

公司有一家店，过去每年只销售三四枚克拉钻戒（每枚售价10万元以上），但在2019年却销售了40多枚。我问那家店的经理，你们销售克拉钻戒有什么诀窍？经理说，不需要太多的诀窍，因为和"轻奢珠宝"品牌比，顾客感觉莱绅通灵的"百年王室珠宝"品牌更具优势，而和国际高端奢侈品品牌比，顾客感觉莱绅通灵的价格更具优势。

"王室品位"不仅赋能顾客，而且赋能员工、供应商、经销商、渠道，最终还会赋能投资人。

因为拥有王室珠宝所独具的差异化品牌价值和品牌形象，所以更多的人申请加入公司，更多的商业渠道拿出最好的位置请我们进驻，更多的优质供应商申请和公司合作。

很多成长上限是假上限

从通灵珠宝到莱绅通灵，相信这个突破品牌成长上限、开启第二增长曲线的案例会给大家带来一些启发。

在我们的工作、生活和学习中，处处都隐藏着成长上限，如果不能发现成长上限在哪儿，我们就会落入"赢者的诅咒"陷阱。

我们在职场上的"成长上限"可能是专业、认知能力，也可能是心态、性格、脾气。如果不破除成长上限，即便我们付出再多的努力，最终都可能徒劳无功。

在品牌升级后，莱绅通灵于2020年又推动了愿景升级，把"成就员工"的理念列入企业文化。

在零售业，人、货、场和品牌是最重要的竞争力之源。在货、场和品牌管理方面，公司都可以做得比较好，但是如果不能管理好"人"这个变数最大的因素，"人"就会成为公司最大的成长上限。

公司提出的"成就员工"的理念，就是提前在"人"上发力，不仅不让"人"成为限制公司成长的上限，还要让"人"成为促进公司成长的决定性要素。

当我们在生活、学习、工作中感到自己停滞不前时，我们每个人都要静下心来思考一下：是不是遇到成长上限了？如果确实遇到了成长上限，那么我们的首要任务就是破除成长上限，否则其他所有努力都是徒劳的。

实际上，大部分成长上限都是假上限，都可以通过多种方法来破除。

很多人之所以有"增长焦虑"，是因为不善于发现前进道路上隐藏的成长上限。不过，我们只要明白了成长上限的规律，并且找到对策，很多成长上限都是可以被打破的。一旦成长上限被打破，一定会迎来新一波增长。

增长难，难在不能发现和破除成长上限。只要破除了成长上限，前进的道路就变成了"增长快线"。

第 3 课
Lesson 3

用无限游戏消解时代焦虑

前段时间，我和一对夫妻一起参加一个晚宴。晚宴后，他们开车顺道送我回家，因为丈夫在晚宴上喝了点酒，就由他的太太开车。在行驶的过程中，那位太太没有听她丈夫的话，走错了一个路口，多绕了一两公里的路，于是丈夫一直对他太太抱怨，核心就是他当时说得如何如何对，她为什么不听他的。这对夫妻是我认识多年的朋友，我坐在车里十分尴尬。

最近，我读了美国哲学家詹姆斯·卡斯的《有限与无限的游戏》。在这本书中，詹姆斯·卡斯把世界上所有的人类活动分为两种类型的"游戏"——"有限游戏"和"无限游戏"。

有限游戏，其目的在于赢得胜利；无限游戏，却旨在让游戏永远进行下去。

有限游戏在边界内玩，无限游戏玩的就是边界。

有限游戏是画地为牢的游戏，有确定的开始和结束，有特定的赢家，规则的存在就是为了保证游戏会结束；无限游戏既没有确定的开始和结束，也没有赢家，它的目的在于将更多的人带到游戏中来，从而延续游戏，主张"为了游戏而游戏"。

卡斯在这本书中，向人们传递了一个观点：人们迫切需要转换"游戏观"，即从有限游戏转向无限游戏。

按照卡斯的理论，我们可以说，夫妻间的关系是一场无限游戏，而那位丈夫的行为是把无限游戏当作有限游戏在玩，他的抱怨是想证明他指的路是对的，他的太太走的路是错的。那位丈夫想要证明自己赢了，他太太输了。

两种游戏观的启示

启示一：有限游戏以取胜为目的，而无限游戏以延续游戏为目的。

对于那对因为走错路而吵架的夫妻来说，夫妻关系在本质上是一场无限游戏，夫妻双方都需要有无限游戏思维，他们要做的应该是让爱情更长久，而不是处处比拼谁赢谁输。一旦开始比拼输赢，他们就落入了有限游戏思维的陷阱。

在生活和工作中，我们处处被有限游戏思维包围，比如一考定终身、不要输在起跑线等，这些都是有限游戏思维。

我有个朋友，他酷爱摄影，在摄影上投入了很多精力，他的摄影水平比很多专业摄影师还要高。有人问他有没有参加过高水平的摄影比赛，他说，他摄影的目的就是发现美、记录美，至于能不能获奖，他根本就不在乎，对于他来说，享受摄影的过程才是最大的乐趣。他就是一个无限游戏参与者，他的目的不是在有限游戏中获奖，而是让摄影这个无限游戏一直延续下去。

2017年，莱绅通灵的前身通灵珠宝收购了比利时王室珠宝品牌莱绅。当时我有两种选择。第一种选择是继续经营通灵珠宝，这样，短期内可以保持现有的利润水平，甚至实现利润的增长，满足投资人的愿望。但是，从长期经营来看，通灵珠宝的品牌缺乏核心竞争力，会被竞争对手温水煮青蛙一样慢慢打败。这种选择的背后，就是有限游戏思维。

作为公司创始人，我做了另外一种选择：把比利时王室珠宝品牌莱绅嫁接到通灵品牌上，创立具有王室血统的新品牌——莱绅通灵。

在品牌升级过程中，通灵品牌过去的客户流失了，原来的管理人员不适应，销售额大幅下降，股价大幅跳水，投资人不停地抱怨……总之，一切都很痛苦。

我当时思考的重点是品牌的长期发展和长期竞争力。品牌犹如我的孩子，虽然这个孩子拿着高薪，但是，当有去世界名校深造的机会时，我会义无反顾地让他放弃高薪去深造。

经过两三年的调整，莱绅通灵的业务逐渐恢复，市场竞争力明显增强，员工凝聚力也更强了，可以说，我们已经为未来取得更好的业绩打下了坚实的基础。

我当时坚持将通灵品牌升级为莱绅通灵，这背后的思维，应该就是无限游戏思维吧。

在资本市场中，投资人的思维是有限游戏思维，创始人的思维往往是无限游戏思维。

面对孩子，保姆的思维是有限游戏思维，父母的思维是无限游戏思维。

在工作中，我经常问员工，如果在达成短期绩效目标和成为一名卓越的管理者之间做选择，你会怎么选？令人遗憾的是，很多员工都舍本逐末，为了达成短期绩效目标而放弃了个人成长，结果是赢得了一场战斗却输掉了整个战争。

启示二：有限游戏在边界内玩，无限游戏与边界玩。

有限游戏有明显的边界，而无限游戏是没有边界的。有限游戏参与者在边界内玩，无限游戏参与者和边界玩，跨越边界。

在现实生活中，大部分人都受有限游戏思维的控制，处处给自己画定边界。比如，很多人在学校学的是人力资源管理，出来找工作时就非人力资源工作不选，或者自己出生在哪个城市，就习惯性地在那个城市工作。"嫁鸡随鸡，嫁狗随狗"就是典型的有限游戏思维。

我们都知道诺基亚早年是从事伐木和造纸业务的，可口可乐过去是做止咳糖浆的，阿里巴巴最早是做黄页广告的，正是因为有无限游戏思维，它们才跨越行业边界，成就了后来的商业帝国。

无限游戏与边界玩，给了我们很大的启示：只要有无限游戏思维，每个人、每个企业都可以跨越边界，成就自我。

启示三：有限游戏在规则内玩，无限游戏则玩规则。

有限游戏参与者是在规则内玩，而无限游戏参与者则是规则的"破坏者"。

莱绅通灵的前身通灵珠宝，原本是一家本土品牌，为了提升市场竞争力，收购了拥有160多年历史的比利时王室珠宝品牌莱绅，让品牌拥有欧洲王室基因，有效区隔了竞争对手。这就是无限游戏思维给企业带来的价值。

无限游戏思维是和规则博弈，也就是在创新。过去人们消费时用现金支付（既定规则），而无限游戏参与者打破既定规则，改用刷信用卡支付，这就是在和规则博弈。后来，支付宝和微信支付又打破了刷信用卡支付的规则，创建了新规则。

网约车打破了过去的出租车规则，特斯拉的电动车打破了传统的石化能源车规则。这些创新都是在和规则玩一场无限游戏，而不是在规则内玩。

我们需要注意的是，和规则博弈，绝对不是伤害客户价值，而恰恰是要围绕客户价值突破既有的规则，进而为客户带来更大的价值。支付宝和微信支付一定比刷信用卡支付更方便，网约车一定比在街上拦出租车更方便，拥有王室品位的莱绅通灵一定比普通珠宝品牌更有价值。

用无限游戏心态去玩有限游戏

有限游戏追求成功，无限游戏追求成长。

莱绅通灵的最高奖是每年度的"阿甘奖"。前几天，我问一名在 2020 年获得"阿甘奖"的管理者：如果明年你不能再获得"阿甘奖"，你会怎么想？他怔怔地望着我，不知道该怎么回答。

这位管理者的思维如果是有限游戏思维，那么他的目标就是一定要获奖，因为他追求的是成功。但如果他的思维是无限游戏思维，那么他对是否获奖未必十分在意，他更关注的应该是他有没有成长。

虽然我们已经进入 21 世纪，可是每个人、每个企业甚至每个国家所面临的竞争压力，并不比人类历史上任何一个时代的小，甚至有过之而无不及。

在这样一个高度竞争的世界里，我们如何面对竞争压力，如何面对增长的需求呢？

看了《有限与无限的游戏》后，我觉得我们需要重新定义什么才是人生真正的目标。

过去，我们大部分人没有把目标和指标分清楚。我们的目标应该是追求无限游戏，也就是让游戏不断持续下去，让游戏能吸引更多的人参与进来。我们追求的应该是成长。而短期目标不过是衡量我们有没有成长的指标而已，就像上面提到的那位管理者，他明年能不能获得"阿甘奖"，不过是衡量他有没有成长的指标而已。

减肥的目标应该是让自己身体健康和身材好。减几公斤不过是指标，而让自己有健康的身体和好的身材才是目标。减几公斤是有限游戏，而保持身体健康和身材好则是无限游戏。

当我们把无限游戏确定为目标，把有限游戏设定为达成无限游戏的指标时,我们的动作就不容易变形,心态也会变好,也不会去做舍本逐末的事情了。

牢记使命,玩一场无限游戏

要想让生命有意义,我们就要明确自己的使命。使命不是一个短期目标,有时候使命甚至是永远无法完成的任务,但是当我们明确了自己的使命并为之奋斗时,即使再平常的工作,我们也会觉得它很有意义,并且乐此不疲。使命观,就是一种无限游戏思维。

在莱绅通灵,每个季度都需要对员工按业绩进行271排序⊖。我仔细观察后发现,有使命的员工,无论他排在271的哪个位置上,他都能坦然接受,并且会根据结果反求诸己,不断提升。这样的员工,是在玩一场无限游戏,是在和自己比较。

《有限与无限的游戏》为我们提供了一个理解世界的新框架,它把很多我们过去明明有感觉但是又说不清道不明的感受,抽象地表达出来了。

正如凯文·凯利所言,理解了两种游戏的不同之后,在面对选择时,我不再犹豫——很简单,总是选择参与无限游戏。

⊖ 即根据通用电气的"271 活力曲线",按业绩表现将员工分为三类:表现最好的前 20% 员工、表现较好或一般的 70% 员工、表现欠佳的后 10% 员工。

第 4 课

Lesson 4

六个人才档次,你在哪个级别

"下君尽己之能,中君尽人之力,上君尽人之智。"我建议所有管理人员都好好思考一下这句话。这句话出自《韩非子》,意思是,低水平的人实际上只是依靠自己的能力在苦干;中等水平的人可以运用别人的力量来做事;高水平的人可以激发别人的智慧来实现目标。

管理人员应该具备后两种能力,不仅能够激励团队成员积极工作,还能够发挥团队的智慧去突破和创新。

员工价值究竟如何衡量

任何组织都有可能与员工产生矛盾,比如员工可能会认为随着他为组织服务年限的增加，加工资是自然而然的事情，而组织则认为员工加薪与否跟工作年限长短没有太大关系，应根据员工能否为组织创造价值来决定加薪与否。

以影视行业为例，哪怕是刚入行的演员，只要他能带来观众群和流量，他的报酬就高，而在同一个剧组里，工作十几年的剧务的工资就比较有限。这是行业的基本共识，即便是剧务自己，也希望能在一个有流量明星的剧组工作，不然他可能连这份剧务的工资都拿不到。

究竟如何衡量员工价值？难道工作十几年没有价值吗？

其实我们这时需要进一步追问：这十几年的工作是否让他成了一名不可替代的员工？这种不可替代性才是衡量员工价值的依据。还是以影视行业为例，流量明星是相对稀缺的，有独特的创造价值的能力，所以他们的报酬高。

价值来源于稀缺性和不可替代性

在图 4-1 中，我们可以很清晰地找到自己的位置。一个人想要提升自己的价值，不应该跟组织较劲，而应该跟自己较劲，努力增强自己的不可替代性。

在莱绅通灵，我希望所有员工都能在这张图上找到自己的位置。每个人的晋升、调薪和奖金分享都要依据他在这张图上所在的位置来进行。

面对残酷的市场竞争，多数组织在进行人员优化时，通常都会先放弃多余的、可有可无的员工。我们必须明白，保留这部分员工一定会给组织带来伤害。每个职场人都希望自己能在一个更好的平台上工作，毋庸置疑，平台好了，对每个员工都有好处。所以我们每个人都应该帮助这个平台向好的方向发展，而从组织的角度来看，则是要淘汰给平台造成拖累和阻力的人。

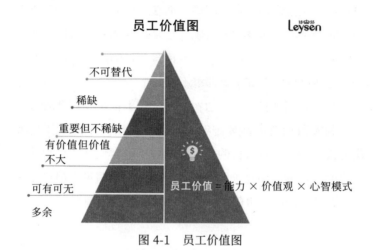

图4-1 员工价值图

我相信，莱绅通灵目前基本已经没有"多余"的人了。我们要重点关注处于图上"可有可无"这个位置的群体，通过职能合并、激励、替换，来激活这个群体。

员工的目标是使自己在组织中变得有价值，让自己最终成为不可替代的人。作为管理人员，要能够识别出"可有可无"的人。在制定绩效目标的时候，如果有的员工表现出消极、懈怠、不愿意接受挑战，他们很有可能就是组织里"可有可无"的人。我们可以通过认知升级来激活他们的能量，帮助他们创造价值。

"有价值但价值不大"的人，是公司员工的主体。他们所在的岗位是有价值的，但是他们自身创造价值的能力有限，所以我们要思考怎么能够使他们向上发展，提升自己的重要性。

对于"重要但不稀缺"的人，虽然他们所在的岗位很重要，但是这类人才可能并不稀缺，很容易找到替代者。企业最欢迎的是图中最上面的"稀缺"和"不可替代"的人才。

在组织中，员工应该经常反思自己有没有独特的价值创造能力，是否仅仅是一个"可有可无"的人。比如发明苹果手机的人和生产、销售苹果手机的人，他们之间的价值差距是非常大的。

其实，我们每个人心中早就有了这样一幅图，只不过表达方式不一样。这幅图的逻辑是，每个人的价值提升背后，一定是自己能力的提升，也就是"不可替代性"的增强。

是否稀缺，取决于能否被替代。每个人要认清自己的价值究竟是来源于自己，还是来源于企业。不要产生错觉——不要因为企业赋予了自己一些短暂的"光环"，就认为自己是稀缺的。

举个例子，有人说自己爱好摄影，并拿出他拍的布达拉宫照片向我展示。这时我会思考，究竟是布达拉宫美呢，还是他的摄影水平高呢？我认为把一个看起来很平常的事物拍出美感和寓意的人，才是真正好的摄影师。

我们往往会产生一种错觉，把平台的价值当成了自己的价值，而没有思考自己的能力是否真正提升了。

员工价值 = 能力 × 价值观 × 心智模式

图 4-1 "员工价值图"中还有一个重要的公式：员工价值 = 能力 × 价值观 × 心智模式。这个公式告诉我们，提升自己有三个大的努力方向，第一个是提升个人能力，第二个是树立与公司一致的价值观，第三个是改善自己的心智模式。也可以说，每个人的个人能力只占到他的价值的三分之一。即便是在个人能力方面属于稀缺或者不可替代的员工，一旦他的价值观与公司的价值观不一致，他的价值就会打上一个大大的折扣。最后还要乘上"心智模式"，心智模式就是决定我们如何行动的思维模式，它反映了未来的发展潜力。有些员工在选择公司时仅仅看薪资高低，那么他的选择就变成了非常简单的加减法，而没有看到乘法、除法，没有看到更高一层的选择标准。

对于人才的价值判断，其实是动态的。今天你是稀缺人才，但是后劲在哪里呢？明天会怎么样呢？今天的第一名，也有可能是明天的最后一名。我们要给自己注入持续发展的动力。

成长最终还是要靠自己，平台仅仅提供推动作用，第一责任人和最受益人都是我们自己。要想创造别人不能创造的价值，就必须有正确的价值观和好的心智模式。相对地，即便现在你的能力不强，但是可以把价值观和心智模式学习好、运用好，不断提升个人能力，未来你就有可能成为公司的稀缺人才，公司也有可能对你产生依赖感。

虽然我们是一家珠宝公司，但我常常给员工讲量子力学、逻辑学甚至哲学。量子力学对公司管理具有非常重要的意义，比如量子力学谈到的不确定性，再比如量子纠缠和双缝干涉。当然，我向大家推荐物理学、数学并不是让大家都去学习这些学科的知识，而是让大家学习这些学科的思维方式，这些思维方式可以运用在工作和生活的方方面面。

比如我们学习数学，最先学的是数数，从 1 数到 10。这样的思维方式已经深入人心，所以，假如你在高铁车站的站台上寻找 8 号车厢，当你看到了 5 号车厢和 6 号车厢时，你一定会往 6 号车厢的方向走，因为 6 的后面是 7，7 的后面是 8。在掌握了这种思维方式后，我们就能把它运用在生活和工作的方方面面。

不可否认，每个员工在工作中都有一定的"不确定性"，但如果每个员工都能遵循我们的价值观，学习和运用好相应的心智模式，那么员工认知升级的可能性就会大大增加。我们要用最大的诚意和善意来对待每个员工。如果管理者能够给团队成员指明方向，他这时候就已经提升了自身的价值，慢慢就会成为组织中重要的人。

当然，我们在运用这张员工价值图的时候，一定会有误差。我们要承认，这个世界永远会有误差存在，这是非常正常的事情，但是我们不能因为有误差而选择不去推动事物的发展。

第 5 课
Lesson 5

复盘，让你精进每一天

俗话说，"千金难买早知道，万金难买后悔药"。这个世界上当然没有后悔药，不过有一种和后悔药效果接近的"药"，叫"复盘"。后悔药的作用是改变已经发生的事。复盘，虽然不能改变已经发生的事，但是它能让你以后所做的事不出现你不想要的结果。

同样工作了五年，为什么有的人能力基本没有提升，有的人能力突飞猛进？那些能力基本没有提升的人，几乎是一直在重复自己过去的做法，即使有错误，也没有发现，更谈不上改正。而能力突飞猛进的人，更善于复盘和反思。

复盘原是围棋里的一种练习方法，后来被借鉴过来应用到组织中。复盘既可以是员工个人复盘、部门季度复盘，也可以是组织战略复盘、重大项目复盘等。

复盘是提升个人能力和组织绩效的重要管理工具。跨国企业、美军部队、国内顶级企业都非常重视复盘工作，复盘已经嵌入这些组织的基础管理架构中，也成了众多优秀企业重要的企业文化组成部分。

复盘不同于一般意义上的工作总结，它有着自己独特的管理流程和逻辑。复盘的目的就是让员工个人和团队改善绩效，不断精进。

复盘四步骤

第一步：列出目标和结果的差异。

第二步：分析原因（找到成功要素和失败原因）。

第三步：总结规律。

第四步：将总结出的规律运用在后续的行动中。

绩效差的团队可以通过复盘找到差的原因，在未来工作中，弥补短板，发挥长处，提升业绩。绩效优异的团队也要通过复盘找到成功的原因，在未来工作中持续发挥自己的长处，同时通过复盘，找到相对的短板，让短板也发展成长处，为未来取得更好的业绩打下基础。

复盘提升团队凝聚力，发现问题的本质

复盘过程是一个共创的过程，需要每个员工都参与其

中，都了解部门的使命和目标，都明白自己和部门的使命与目标的关系，增强责任感和荣誉感。通过复盘，可以让员工从整体上来看待自己的工作，引导员工采用结果导向来开展工作。团队复盘可以让员工在复盘中相互了解，提升团队凝聚力。

复盘的过程是反思的过程，但反思不是批评我们的行为，而是看我们做事和思考的方式对不对，找到问题的根源所在。比如说我们的执行力差，就要找到执行力差的原因在哪儿。是执行的人不行，还是没有套路？或者是有了套路，但套路需要优化，还是考核或激励方式不对？如果我们没有找到问题的本质所在，那么这个问题在今后的工作中一定还会出现。要通过复盘来发现问题，找到问题的根本原因，然后通过算法或套路来彻底解决问题。

要避免复盘流于形式

复盘非常容易流于形式，所以必须把复盘纳入公司的基础管理架构，对其进行有效管理。对管理人员要进行复盘方面的专业培训和管理。每季度要对各部门的复盘工作进行271排序，让复盘工作真正成为各部门推动业务进步、员工成长、组织赋能的重要抓手。

爱因斯坦说："复利是世界的第八大奇迹。"

所谓复利效应，其本质就是：做事情A，会导致结果B，而结果B又会反过来加强A，如此不断循环。

正如滚雪球，雪球粘上的雪越来越多，变得越来越大，而越来越大的雪球又能够粘上越来越多的雪,如此不断重复,雪球会大到不可想象。

知识和能力也有复利的特点。复盘就是让你的能力不断产生复利的效果。而且我相信,能力的复利效应必然会带来财富的复利效应。

第 6 课

Lesson 6

优秀员工,都具有阿甘的"傻"和曾国藩的"呆"

2020 年,公司设立了"阿甘奖",奖励那些做出突出成绩的优秀员工。在进行年度人才盘点时,我发现,公司最优秀的员工往往不是最聪明的,也不是最灵活的,甚至也不是最有经验的,如果非要找到他们身上的共同点,那就是他们都具有阿甘的"傻"和曾国藩的"呆"。

什么是阿甘精神

《阿甘正传》这部电影改编自美国作家温斯顿·格卢姆

于 1986 年出版的同名小说，讲述了阿甘自强不息，最终"傻人有傻福"，在多个领域创造奇迹的励志故事。1995 年，该片获得奥斯卡最佳影片奖、最佳男主角奖、最佳导演奖等 6 项大奖。

阿甘是一个什么样的人呢？他是一个智商只有 75 的人，但是阿甘的一生却充满了辉煌，充满了激情，他凭借信念的力量，成为越战英雄、乒乓球冠军、中美友好的使者、成功的企业家和慈善家。

阿甘的身上有什么样的精神呢？乐观主义、理想主义、坚守信用、坚韧不拔，这些自不必说，更重要的是简单和实干。阿甘的简单，就是生活简单，感情简单，人际关系简单，内心简单，不受任何外界诱惑的影响。阿甘的实干，就是无论别人用什么眼光看他，无论他面临什么困难，他都会一次一次尝试、练习，认认真真地做事。

任正非看了《阿甘正传》后说：我就是阿甘！无独有偶，后来马云也说：我就是阿甘。

曾国藩又"笨"又"慢"平天下

曾国藩是中国历史上少有的立德、立言、立功的圣人。曾国藩成就大业唯一的秘诀，就是他一生坚持笨拙，不走捷径。正是因为他日复一日地"结硬寨，打呆仗"，被逼到绝境也决不松劲，最终硬是熬死了不可一世的太平天国。

曾国藩打仗，喜欢"结硬寨，打呆仗"。具体而言，就是不论和谁打仗，他都先勘察地形，选好扎营地，挖壕沟、扎花篱，把自己与敌方隔离开来。勘察地形一般找背山靠水之地，既可以防止偷袭，也可以保障饮水供给，当然也得给自己留下退路。壕沟一般深一丈五尺（约5米），是用来防止对方步兵的，挖壕沟的土也要搬到较远的地方，避免敌人用挖出来的土回填壕沟。花篱，不仅要高，而且要有两三层之多，是用来防止对方骑兵攻击的。如此，曾国藩的硬寨就结成了。这样的寨子一旦结成，在冷兵器加火枪和少量红衣大炮的时代，既可以防止偷袭，也可以防止骑兵冲锋，常常会把敌方给困死。

显然，没有傻到坐以待毙的敌人。敌人一定会骚扰、进攻，避免这个包围圈形成。此时，曾国藩"结硬寨"的战略定力显现出来了。他手下的湘军，根本不和敌人恋战。敌人来袭，一排子火枪就打退了。只要敌人一退，湘军就开始挖壕沟。如此循环一段时日，壕沟挖好后，湘军干脆直接窝到寨子里不出来了。

这样的好处显而易见。因为有了"硬寨"，湘军进可攻、退可守，已立于不败之地。处于不败之地后，他不急于求成和进攻，而是重在防守。每次打仗，湘军的死亡率都很低，士气也很高。敌方因为被围困，无法得到外部物资补给，每天都在消耗粮食、弹药和士兵，很难持久。

依托挖沟扎篱"结硬寨"，不进攻，只守着，把敌方围困至弹尽粮绝，就是所谓的"打呆仗"。清末骁勇善战的太平天国军队遇到这种打法，也没辙。而且，一旦被曾国藩的湘军围困住，最终的结果都是弹尽粮绝、人心涣散、乖乖投降，没有第二条路可走。

看似愚笨的"结硬寨，打呆仗"，却有着巨大威力。

"傻瓜"成功的底层逻辑：复利原理

无论是阿甘还是曾国藩，我们在他们身上都能看到两个共同的特质：第一，是简单；第二，是强大而持久的信念。这两个特质同时出现在一个人身上时，就会产生让人难以想象的效果。

有智慧的人都是长期主义者。不排除有极少数特别聪明的人，能在短时间内取得超越常人的成就。但是，对于普通人而言，要取得成功，最明智的做法是学习阿甘的"傻"、曾国藩的"呆"，再加上长期的坚持。

被爱因斯坦誉为世界第八大奇迹的"复利原理"，不仅是一种投资哲学，更是一种生活和工作的哲学。复利原理教会我们，不要忽视生活和工作中的微小进步，每个微小进步都帮助我们离成功更近一步。

落实 GSA 就是结硬寨，打呆仗

莱绅通灵要求各级管理者都要扎扎实实地进行 GSA⊖ 管理。我们也把 GSA 定义为公司的"纵贯线"：提炼组织的关键目标（G），确定达成 G 的关键策略（S），明确落实每个 S 的行动（A）。

曾国藩攻城时不是蛮攻，他是根据敌我双方的处境，确定了"结硬寨，打呆仗"的策略，然后落实到每天的行动

⊖ GSA 是 Goal（目标）、Strategy（策略）、Action（行动）三个英文单词的首字母缩写。

中去。

认认真真地梳理好每个部门、每个模块、每个战区、每个店的 GSA，不偷懒，不取巧，傻傻地去执行，就是最大的智慧。

这个世界所有传奇的背后都是傻傻的坚持。有人问 NBA 篮球巨星科比为什么那么成功？科比说，你见过凌晨四点的洛杉矶吗？我每天见到。

观察公司获得首届"阿甘奖"的员工会发现，他们身上"傻""呆"和"简单"的特质都不是被培养出来的，而是他们自己践行出来的。公司只能帮助他们提升工作技能和拓展眼界。企业要做的，就是挑选和激励这样的员工。

企业奖励什么人、淘汰什么人，是最真实的、最好的企业文化宣言。

心智提升篇

人生高度取决于心智模式

- 真正的成长不是学习新知识，而是改造自己旧的心智模式。要想改变命运，就需要通过心智模式升级自己的"行为模式"。

- 成功者习惯自我批判，反求诸己；失败者习惯怨天尤人，归咎于外。反求诸己者看到的是机会，归咎于外者逃避的是责任。

- 平庸的人和厉害的人最大的区别是，平庸的人做事情习惯于"没做错"，而厉害的人一直争取把事情"做对"。"没做错"是追求自我利益最大化的思维，而"做对"是追求客户利益最大化的思维。

- 在复杂的经营环境下，管理者只能以模型的确定性来应对结果的不确定性。

第 7 课
Lesson 7

什么是心智模式

知识与心智模式

股神巴菲特的终身搭档、被誉为世界上最聪明的人之一的查理·芒格说过一个形象的比喻：假如你手上只有一把锤子，那么你看什么都像钉子。这个比喻背后的含义是：如果你只有一个工具，那么无论遇到什么问题，你都只会用这个工具去解决（即便修电脑也是用这把锤子），而这样做的结果是：很多问题根本无法解决。

世界上有许多聪明的企业家，他们之所以突出，是因为他们思考和解决问题时所使用的心智模式异于常人。大多数人学习的都是知识的"原材料"，这些"原材料"无法与工作直接对接，它们只有在转换成心智模式后，才能被快速调动和使用。可以说，心智模式是联结知识和行动的桥梁。

心智模式是直接向理性迈进

心智模式其实是我们如何理解这个世界，理解我们和这个世界的关系，并决定我们如何行动的一套思维模式。通俗地说，就是在开始做一件事之前，你内心的判断是什么。比如，在面临选择的时候，是应付当下还是着眼未来？思考问题是从个人出发，还是从整体考虑？做事是止步于"没做错"，还是追求"做对"？当这些判断成为你在特定时刻下意识的习惯、自然的选择后，它们就是你的心智模式。

心智模式决定了我们的认知和行动。好的心智模式可以对行动和决策产生积极的影响，让我们离成功更近一步。

比如凡事都从"为什么"开始发问，就是一种很好的心智模式。它可以从一开始就挖掘每一项工作背后的意义，帮助我们在工作推进中不断回到初心、回到目的。一上来就思考"怎么做"和"做什么"的人，他们反倒是把手段当成了目的，做着做着就与初衷南辕北辙了。

同样，当遇到挫折或问题时，如果你的心智模式是"反求诸己"，那么你就会先从自己身上找原因，并通过努力改变自己去改变结果，这样，你的人生将是积极的。相反，如果你的心智模式是"怨天尤人"，那么你就会找各种客观原因，或者将责任推给别人，习惯于抱怨这个、抱怨那个，长此以往，你的人生将是"抱怨人生"。

心智模式是价值观、知识和过往经验糅合在一起的综合体。众多的心智模式组合最终会体现为一个人的气质、修养和学识。

心智模式的形成需要刻意练习和反复运用，从而变成条件反射，成为下意识的动作和自然而然的行为，随时都能用起来。就好比英语讲得好的人，说话时并不会先思考主谓宾怎么用、时态怎么用，而是自然而然地脱口而出。

一部手机或者电脑要有好的使用效果，光有出色的硬件是不够的，还需要好的操作系统。每年各品牌发布的新手机、新电脑，主要的改进就是提升了操作系统的水平。

员工就类似于企业的硬件，有的人可能没有好的"操作系统"，或者"操作系统"中残存着以往工作的思维"垃圾"。心智模式的升级可以帮助员工提升"操作系统"，让工作更顺畅，合作更协调，更好地发挥员工的价值。

知识本身不能决定人生的高度，决定人生高度的是心智模式！

三层心智模式

如图7-1所示，心智模式分为三个层次。

位于上层的，是具体学科运用层面的心智，如市场营销中的4P理论、零售领域的人货场论、战略管理中的SWOT分析法、人力资源管理中的三支柱模型和KPI理论等，是初步抽象的。这个层面的心智模式是具体专业知识的总结，如果超出所属的专业，就会失效。我把这个层面的心智模式称为专业心智。

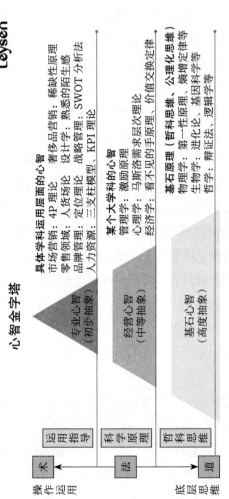

图 7-1 心智金字塔

位于中间层的，是某个大学科的心智，如管理学中的激励原理、心理学中的马斯洛需求层次理论、经济学中的看不见的手原理和价值交换定律等，是中等抽象的。这个层面的心智模式在所属的大学科内是通用的，如果跨出这个大学科，就会失效。我把这个层面的心智模式称为经营心智。经营心智模式可以帮助我们提升认知水平，提高领导、管理和经营能力，提高决策质量，从较高的层面看待问题、解决问题，可以使管理者变成优秀的经营者。

位于底层的，是基石原理（或者说是哲科思维、公理化思维），如物理学中的第一性原理和熵增定律、生物学中的进化论、哲学中的辩证法等，是高度抽象的。这个层面的心智模式是哲学和科学的底层逻辑，是跨学科的基础原理，可以指导各学科的研究和创新，可以提供理解世界的新视角，是所有学科的基础原理。我把这个层面的心智模式称为基石心智。基石心智可以拓展管理者的思维，帮助管理者成为创新者和专业领域引领者。基石心智虽然远离具体工作的操作层面，但是它的知识可以迁移，可以指导各方面工作，可以给创新带来源源不断的灵感。

专业心智——具体学科运用层面的第一性原理

工作中的心智模式可以通过框架结构来搭建。

大部分人在学习的时候，学的是具体的知识，比如如何面试、如何培训、如何销售等，这些都属于术的层面，是形而下的具体操作方法。知识水平越低的人，越是在这个层面上下功夫。我们日常的培训基本就在这个层面上告诉你具体的操作方法。

欧洲著名的科学家普朗克经常去讲课，次数多得连他的司机都听会了他的课。有一次司机说，你每次都讲同样的内容，我也会讲，下次去新地方讲课，就由我来讲吧。普朗克同意了。于是有一次他们互换了身份，由司机来讲课。讲课过程中没有任何问题，但课程结束时突然有听众提了一个复杂的问题，司机无法答复，他灵机一动说："这个问题太简单了，我的司机就可以回答你。"我们可以反思一下：自己是否只掌握了普朗克司机式的、表面的知识。

只有知道所以然，才算真正掌握。可悲的是，大部分人只是停留在操作层面，他们在学习的时候立即就进入了"找干货"的状态，但一遇到问题，仍然无法解决。更可悲的是，很多人连这个层面都没有达到，只是靠所谓的责任心、经验在工作，并不具备相应专业领域的知识。

如果把所有知识按照大的框架进行分类，我们会发现：在人力资源领域有三支柱模型、KPI理论，在战略管理领域有SWOT分析法，在零售领域有人货场论，等等。在应用层面上，每个具体学科都会有相应的第一性原理。

学习这些有什么好处？一来上手比较快，二来更有重点。那么它又有什么缺点呢？第一，这些知识难以迁移。就像人力资源管理的知识难以迁移到后勤管理、运营管理或市场营销等领域，就像学会了画画对你烧菜并没有什么帮助。第二，难以创新。不同的专业领域划定了彼此的界限，相应的专业知识就固化在了一定的界限里。在一个专业领域里，做得不好的人，就成了"油子"，空有些经验；做得好的人，就是匠人。

经营心智——某个大学科的第一性原理

如果你的心智模式只停留在专业层面，最多只能把一件具体的事情做好。想要拥有更大的思维框架，你的逻辑奇点还得继续下移。

逻辑奇点的下移，就是突破固有知识的樊篱，扩展知识边界，是认知的升级，从而可以进入一个更广阔的世界。

以我们自身为例。如果我们的品牌只是"通灵"品牌，那就只有二十几年的历史，但奢侈品的价值是需要历史来支撑的。如果只停留在浅层的思维范畴里，我们就没有办法把二十几年的历史变成一百多年的历史，但是当我们的逻辑奇点下移后，将"通灵"品牌与"Leysen1855"品牌进行嫁接，一下子就完成了转变。所以我们要不断打破边界，将逻辑奇点下移，这样做带来的最大成果就是创新。

从具体学科运用层面的第一性原理下移，我们就会接触到某个大学科的第一性原理，比如心理学中的马斯洛需求层次理论、管理学中的激励原理、经济学中的价值交换定律。这样的理论可以迁移到生活、工作的方方面面。在企业中，如果员工被淘汰，那是因为他无法提供价值或者交换的价值不等价，反过来，如果员工主动离开，那是因为他觉得自己付出的太多，得到的太少，这本质上就是价值交换定律的应用。

基石心智——基石学科的第一性原理

从具体学科运用层面的第一性原理到某个大学科的第一性原理，是一种更深层次的抽象过程，但这还不够，如果想要打通底层操作系统，逻辑奇点还需继续下移。

以埃隆·马斯克为例，当别人都在以燃油为原料驱动汽车的时候，他从第一性原理出发，思考用电池动力驱动汽车。别人说这个方法行不通，因为电池很贵，他就开始思考电池为什么贵，它是由什么材料组成的。他研究后发现，电池就是由钴、镍、铝、碳加上一些聚合物组成的。按市场价算，这些材料成本极低，只要用一种聪明的方式重新组合这些材料，就能得到白菜价的电池。他运用物理学的第一性原理成功解决了"电池很贵"这一难题。

在这个过程中，马斯克的心智模式就是基石心智。基石心智是事物最底层逻辑的抽象表达，是一种不证自明的假设。比如"1+1=2"，几何原理，生物学的进化论，哲学里的形式逻辑、辩证法，这些都是底层逻辑，是基石心智，或者说是公理化思维。

以基石心智里的熵增定律为例，它是热力学第二定律：熵增是一个自发的、由有序向无序发展的过程。根据熵增定律，人变得懒惰，组织变得涣散、变得官僚，是一定的、不可逆的。就像我们定好八点开会，一定有人是不想来的，如果不去考核、奖惩，过了一段时间，一定就有人不来了，这就是熵增定律的体现。当知道了这一原理后，我们就有多种解决方法，可以奖励，也可以惩罚。

具体学科运用层面的第一性原理是"专业心智"，是初步抽象；某个大学科的第一性原理是"经营心智"，是中等抽象；公理化的第一性原理是"基石心智"，是高度抽象。我们会发现，越到底层，原理越少。这是一个从"术"向"道"不断抽象的过程，是逻辑奇点不断下沉的过程，是不断打破边界的过程。就像我面前的这张桌子存在于这个房间里，这个房间又存在于这栋大厦里，边界在不断拓宽。

以上这些心智模式是哲理性的知识，可以运用在生活和工作中的方方面面，能力强的人能将纷繁复杂的事务化繁为简，找到最底层的逻辑。

我们要做的是在使命或目标不变的前提下变化手段，其实变化手段就是创新。比如定好八点开会，你不来就可以惩罚你，你来就可以奖励你，形成复合激励，这些都是手段的选择。再比如不调整固定工资，但是给你分配股权或奖金，或者安排旅游、培训，这些都是手段的创新。这些手段背后的原理其实都是简单的、一致的，都来自马斯洛需求层次理论，来自激励理论。

需要注意的是，我们做事的使命或目标是不能轻易变化的，可以变化的是手段。如果使命、目标经常变，方法老是不变，将导致非常可怕的问题。

建立结构化的心智模式

要想进行思维升级，我们就不能止步于只掌握一两种心智模式，而是要结构化地掌握一系列的心智模式。比如在经济领域，价格与销量呈反比，价格越高，销量越低，但是我们会发现有些奢侈品即便加了价，销量也丝毫不受影响。所以，如果永远只局限于一两种心智模式，那么看待问题时就会缺乏全局性的视野。

从第 8 课开始，我会重点讲解几种心智模式，帮助大家一层层打通思维，从底层进行提升。

第 8 课
Lesson 8

你和大师的差距只是心智模式的差距

心智模式，让你的时间折叠、生命延展

> 吾生也有涯，而知也无涯。以有涯随无涯，殆已！已而为知者，殆而已矣！
>
> ——《庄子·内篇·养生主》

庄子说，我的生命是有限的，而知识是无限的。以有限的生命去追求无限的知识，真是危险啊！已经有了危险，还要执着地去追求知识，那么除了危险以外就什么都没有了。

庄子的意思并不是让我们不要去学习知识，他的意思是知识是无穷无尽的，而我们要把有限的精力用于追求"道"，

如果我们掌握了"道",就不用那么辛苦了。

有的人工作很繁重,管理的事务很多,但是他们仍然很轻松,有时间学习,有时间度假,他们是怎么做到的呢?答案就是,他们拥有和普通人不同的思维工具。

时间折叠

在远古时代,人类的祖先和其他动物一起生活在非洲草原上,还没有真正进化成人类,顶多算猿人或者智人。那时候,人类祖先的咀嚼能力还不行,这意味着很多食物被排斥在"食谱"之外,即便是一般的食物,也要花很长时间才能嚼烂、咽下去。这是一个极大的劣势。在残酷的进化过程中,我们的祖先有了这么大的一个劣势,怎么还能活下来呢?

大约在 200 万年前,人类祖先体内有一个名叫 MYH16 的基因发生了突变。这次突变让负责咀嚼的肌肉生长放缓,人类的咀嚼能力从此停滞不前了。

熟悉进化史的人知道,这也不是完全没好处的。咀嚼能力不行、牙齿不行有一个附带的好处,就是释放出了大脑发育的空间。

大猩猩和黑猩猩的咀嚼力高达 500 多公斤,基本上什么都能嚼碎,甚至是铁管子。但是,它们脸两侧的咀嚼肌肉太过强壮,以致对头部形成挤压,脑容量的发展受到很大的影响。人类祖先的咀嚼能力不行,没有这种限制,所以脑容量增加了,变得越来越聪明,最后形成了巨大的优势。

但是,脑容量变大这个优势,要在几十万年的时间尺度上才能体现出来，而嚼东西的能力不行，是眼前必须面对的劣势，这个问题不解决，就容易饿死。

这就奇怪了，人类的祖先怎么就这么有远见，怎么就能做到用今天的劣势换取几十万年的优势呢？河森堡在《进击的智人》中给出了一个令我拍案叫绝的解释。一个词：时间折叠。

你想，牙齿不行了，总得有个替代方案吧？我们人类祖先的替代方案，就是把咀嚼食物的大部分工作转移到口腔外，对食物进行预处理，主要就是用石头——用石头砸碎坚果外壳，用石头把肉分割成小块，用石头把骨头砸碎取出骨髓，等等。经过一番处理以后，吃东西的过程反而简单多了，并不需要具有超强的咀嚼力。大猩猩的咀嚼力虽然强，但通常也需要花费半天的时间来吃东西。

你发现没有，虽然用自己的牙齿嚼和用石头砸（或分割）这两个方案看似对等，甚至自己嚼还要方便一点，不用什么工具，但是这两个方案在某一个维度上的表现，就是天差地别了。这个维度，就是时间维度。

自己嚼的时候，吃食物的过程是串联的，吃进去、嚼碎、咽下去，这个过程是没法变的。但是，人类祖先在体外用石头砸碎食物的时候，这个过程就变成了并联的：可以是现在砸，过会儿再吃；可以是集中砸，分散吃；可以是分散砸，集中吃；还可以是有人专门砸，有人专门吃。在时间维度上，人们因为一个简单的变化，突然变得自由了。这就是所谓的"时间折叠"。

你会发现，这就是所有工具的本质。过去，我们一提起工具，都会觉得它们提高了我们做事的效率，使我们能做原来没能力做的事。但是我们忽略了工具最本质的一个作用：它为人类折叠了时间，让人类在时间面前拥有了高度自由。

工具决定成败

比如在战场上，如果我能让我方的枪炮速度提高到原来的两倍，那么我的优势就是决定性的，这仗肯定能打赢；如果我能让敌方枪炮的速度突然放慢，就像很多科幻电影里表现的那样，我就可以很自如地躲避敌方的子弹和炮弹，敌方的优势就荡然无存。如果我们能自由地操纵时间，那么对于敌方来说，我们简直就是神一样的存在。所以在非洲大草原上的人类祖先，哪怕只会用石头砸碎坚果的壳，相对于其他动物来说，也是拥有了决定性的优势。在其他动物眼中，我们人类就是神。

我们还是回到人类祖先的生存场景。

只要我们能想到用石头在体外砸开食物，这个石头不需要任何加工，甚至连旧石器都算不上，就是一块石头，这个时刻，我们就已经获得了一个伟大的优势，时间被折叠了。我们的食谱扩大了，我们进食的时间缩短了，我们的社会分工开始了。

再举一个例子。在人类的进化史上，曾出现过很多次极端严寒气候。其他的动物怎么办？要么花很长的时间迁徙，要么花更漫长的时间进化出更耐寒的皮毛。但是人类呢？我们只需要做一件事，就是把其他动物的皮毛剥下来，披在自己身上，这就是最早的衣服。只需要做这么一件简单的事情,没有什么技术含量,但是时间折叠了。人类把其他动物用很长时间进化出来、生长出来的皮毛,变成了自己的一部分。仅仅这一个动作,就让人类省去了漫长的时间,也有了基本的条件走出非洲,扩散到全世界。

此后人类发明的每一种工具,不管是弓箭、蒸汽机还是计算机,本质上都有折叠时间的特性。工具帮助人类创造的真正奇迹,都来自工具为人类带来的在时间维度上的自由。

反过来,我们也可以从这个维度来评估一种工具的价值。什么工具能折叠更多的时间,什么工具的价值就极大。这和工具本身的技术含量没有什么关系。

思维工具是更伟大的工具

看完上面猿人进化成人的故事,你就知道工具的重要性了。在现代社会,我们如果能找到可以让我们比别人学习更快、工作效率更高、工作效果更好的工具,我们就可以在和其他人的竞争中胜出。

莱绅通灵推荐给员工的"心智模式"就是老子和庄子说的"道",是一套适合员工快速成长的思维工具,只要用好这些心智,就可以让"时间折叠,生命延长"。

> 我们需要掌握很多知识,并且让其在头脑中形成一个思维框架,以便在以后的日子里能自动地运用它们。如果能够做到这一点,那么,总有一天你会不知不觉地意识到:我已经成为同龄人中最有效率的人之一。
>
> ——查理·芒格在 2014 年南加州大学毕业典礼上的演讲

心智模式决定你的人生

推特上有一句话的点赞次数达到了 11.1 万次，这句话是这么说的："最近我渐渐把'这件糟糕的事为什么会发生在我身上'的想法替换成了'这件事教会了我什么'，然后发现身边的一切都改变了。"不少网友评论说，他们因为这句话改变了原来的生活，重新燃起了对生活的希望。

但他们或许并不知道，真正改变他们的并不是这句话，而是他们采用了不同的心智模式。

"这件糟糕的事为什么会发生在我身上"，这种抱怨的心智模式会让人产生负面联想，且更偏重情绪发泄，答案只会是"别人愧对我""我很糟糕""我能力太差了"，对自己没有一点儿实质性的帮助；"这件事教会了我什么"，是一种自我反省的心智模式，是在把人往正面的方向引导。大家都会觉得，如果能从坏事里面学到一些经验和教训，那坏事也不完全是坏事。前者是消极的，后者是积极的；前者仅限于情绪的发泄，后者聚焦于自我的提升。

同样一件事，用不同的心智模式来对待，就会给人带来完全不同的价值。

改善心智模式，提升决策力和创新力

每一天，我们都会面对纷至沓来的、必须做出反应的各种情况。假如没有正确的心智模式，我们将被迫针对工作和生活中遇到的各种难以预料的事，孤立地做出反应，就好像我们头一次遇到这样的事一样。但是假如我们把这些事分一下类，并且拥有处理不同情况的良好的心智模式，我们就可以更快地做出更好的决策，并因此更愉快地工作，更好地生活。

只要拥有了一系列良好的心智模式，你就拥有了一系列成功的秘诀。很多人之所以能够获得成功，就是因为他们能够依据良好的心智模式行事，而且他们的心智模式也因人而异。

创新理论鼻祖约瑟夫·熊彼特在《经济发展理论》一书中提出"创新理论"，该理论认为创新来自生产要素的重组。生产要素如何重组，关键在于我们如何重构自己看世界的方式。我们只有掌握更多理解世界的方式、更多解释世界的方式，才能打破我们过去经验世界里的各要素的关系，用新的视角来发现各要素间关系重组的可能性，进而产生创新。

与其临渊羡鱼，不如退而结网

我们在媒体上看到那些关于大人物的报道，感受他们的传奇，羡慕他们的才华。其实，天才都有自己的一套和常人不同的算法，就像电脑软件一样，不同算法算出来的结果可能是完全不同的。

与其临渊羡鱼，不如退而结网。我们和大师的差别就是他们拥有良好的心智模式，在决策时他们的底层算法更厉害。我们要做的不是单单仰望他们，而是要尽快学习厉害的心智模式。当我们思维的底层算法优化了、提高了，我们就可以向大师看齐了。

第 9 课
Lesson 9

271 是大自然法则

风靡全球的 271 活力曲线

"271 大自然法则"是很多企业重要的基石心智,也是莱绅通灵心智模式中最重要的一个。

最早提出 271 活力曲线(简称 271)的是通用电气前 CEO 杰克·韦尔奇,他在《杰克·韦尔奇自传》和《赢》里都用大量篇幅介绍了 271 活力曲线(见图 9-1),在他的推广下,271 管理模式风靡世界。

"对人来说,差别就是一切。对不同的人,一定要'区别'对待。"每年通用电气都会对员工进行业绩评估,将员工划分为 A、B、C 三级。

A级：表现最好的前20%的员工。

B级：表现较好或一般的员工，占70%。

C级：表现欠佳的后10%的员工。

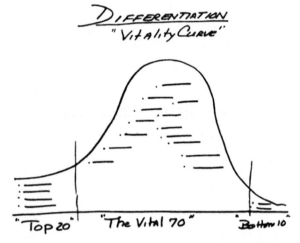

图9-1　杰克·韦尔奇绘制的"活力曲线图"

关于如何激励A、B、C三个级别的员工，通用电气的做法如下。

A级：充分发展前20%最优秀的员工。公司会为这部分员工制订详细的培训计划，为他们提供更广阔的发展空间。对于公司而言，失去A级员工将是最惨重的损失。所以对于A级员工，公司会热爱他们，拥抱他们，给他们最优厚的待遇，因为他们是公司的"超级力量"。

B级：这部分员工占到了员工总数的70%，他们是公司的主体，也是公司业务成败的关键。这部分员工同样可以得到培训与提升的机会，但公司鼓励他们努力成为A级员工。

杰克·韦尔奇说,在通用电气,物质奖励、职位晋升、荣誉嘉奖等各种激励手段,被淋漓尽致地使用着。这一切在时时激励着通用电气的员工努力地工作,取得更大的成功。当然A级员工得到的奖励肯定要比B级员工高得多——这就是"区别"。

C级:这部分后10%的员工表现欠佳,他们必须找出原因并迅速赶上,争取成为B级员工并继续进步。若他们在3～6个月中仍旧不能适应公司的前进步伐,在原地停滞不前,就会面临被辞退的危险。这看起来好像有些不近人情,但这正是通用电气以人为本、爱惜人才的表现。这不是残酷,恰恰相反,这是对员工的仁慈。如果让他们在一个不能成长和进步的环境里继续混下去,那才是真正的假慈悲。等到他们的年龄一年年地变大,就业机会就会相应减少,而各方面的负担却会越来越重,那时再告诉他们说:你们走吧,这里不适合你们——那才是最残酷的!

在中国,最坚决和彻底地贯彻271管理的企业是阿里巴巴和华为。有人觉得,按照271管理,对后10%的员工进行淘汰,太过残酷,没有人情,但优胜劣汰是大自然的法则。

实际上,在整个生物进化史上,很多物种都消失了。无论是动物、植物还是微生物,如果它们不能适应环境的要求,就都会消亡。

企业也是这样。中国企业的平均寿命是4年,如果企业不能适应环境,不能满足客户需求,它很快就会消亡。就拿手机品牌来说,国际的有诺基亚、摩托罗拉、飞利浦,国内的有厦华、联想、TCL等，这些当年叱咤风云的品牌，如今在手机市场上已难觅踪迹。在互联网时代，不能进入前20%的品牌就会灭亡，更不要说后10%的品牌了。

进化就是适者生存

我们不妨用进化论的观点来分析一下，看看生物如何通过不断进化来提升自身在特定生存环境下的竞争力，同时提高别的生物进入这个环境的门槛，从而形成自身对所在生存环境的控制力。生物进化包括四个阶段：过度繁殖、生存竞争、遗传变异、适者生存。

一个商业领域就像一个小水塘，水塘里有很多青蛙，当然水塘周围也有很多蚊子。一开始青蛙不多的时候，蚊子足够所有青蛙吃，但是随着青蛙的不断繁殖，最终会进入"过度繁殖"阶段，此时，蚊子就不够所有的青蛙吃了。然后，青蛙之间自然就展开了"生存竞争"，只有那些能捕获足够多蚊子的青蛙才能够生存并繁衍后代。所以，青蛙为了捕获更多蚊子，开始遗传变异。

这里要说明一下，生物学领域的遗传变异是无意识的随机变异，变异后能够适应环境的物种会生存下来，不过，企业有意识的"遗传变异"却不一定能够成功。青蛙会选择哪种遗传变异的方向呢？快速发现猎物的能力，发现猎物后快速行动并捕获猎物的能力，消耗能量更小的能力……慢慢地，进化了很多代之后，就会出现一种青蛙，它的眼睛对于猎物的敏锐度很高，体形巨大但行动灵活，可以快速捕获猎物同时自身能量消耗很少,即使在食物匮乏的情况下也能维持较长的生存周期。于是,这个水塘里的青蛙数量会慢慢变少,最后只剩下那些具备这种遗传特征的青蛙。这就是"适者生存"阶段。

对于企业发展来说,同样如此。在行业环境非常好、利润率非常高的时候,会有很多人看到并进入这个"水草丰美"的行业,于是就会出现"过度繁殖",然而整个市场的客户和资源是有限的,必然会形成残酷的"生存竞争"。在"生存竞争"下,企业为了活下去会主动或被动地进行变革,实际上就是"遗传变异"。只有那些有远见、有愿景的企业才愿意拿现在的利润去换取核心竞争力的提升,而变革成功的企业往往会成为这个行业的寡头,占据有绝对优势的市场份额,获取丰厚的利润,拥有最优质的客户,同时自身的管理成为行业标杆。

不遵循大自然法则,就会被大自然无情地淘汰

271管理的本质就是对员工进行区别对待,奖励高绩效员工,同时淘汰低绩效员工。271管理是按照大自然的进化论法则进行管理,如果企业不遵循进化论法则,就会被大自然无情地淘汰。

在自然环境、社会环境、企业经营环境中,无处不遵循着优胜劣汰的法则。管理者和员工试图逃避使用271管理是徒劳和幼稚的,因为271是社会和大自然的基本法则,甚至是第一法则,只不过在不同物种、不同事物上的体现有所不

同而已，有的可能是"262"，有的可能是"352"。

作为管理者，他最应该做的是早日掌握271管理的方法。通过对员工不断优胜劣汰，让自己管理的企业（部门）进入行业（企业）前20%的行列。作为员工，他应该尽快适应271管理，努力学习、努力工作，通过进入前20%来获得关注、获得机会、改变命运。同时，那些被评为后10%的员工，也不用气馁，早些知道自己所处的位置，还可以花时间学习或者努力赶上。

老子在《道德经》里说："天地不仁，以万物为刍狗；圣人不仁，以百姓为刍狗。"老子的意思是说：天地并不施仁恩，只是让万物如刍狗（古人祭祀用草扎的狗）那样走完自己由荣华到废弃的过程而已；圣人不施仁恩，让事物按自身规律来发展。这种规律就是"天地"的规律，就是老子所说的"道"。

不淘汰"垃圾股"，自己就成"垃圾股"

管理者要想取得好成绩，首要任务是寻找到最好的下属，但是大部分管理者都很难对下属铁面无私，更难对不胜任的下属进行淘汰。

员工就像股票，高绩效员工就像"绩优股"，有未来的员工就像"潜力股"，低绩效员工就像"垃圾股"。管理者就像基金经理，如果基金经理手里都是垃圾股，那他怎么能有资金去投资绩优股和潜力股呢？

如果我们把资源平均分配在垃圾股和绩优股上，就没有更多的资源来投资绩优股，最后的回报一定是很少的，绩优股带来的回报都被垃圾股带来的损失吞噬了。

有的管理者会说，我如果找了有能力的下属，他未来超越我、替代我怎么办？其实，你如果不找到厉害的下属来帮你工作，你根本就没有未来，现在就会有人替代你。而你找到了好下属，他帮你工作，帮你提升业绩，或许你还能赢得时间让自己成长起来。

高明的管理者已经行动起来了，他们用能力和价值衡量下属，坚决淘汰垃圾股，拥抱绩优股，培养潜力股。通过科学合理地对待这三类员工，他们让自己也成长为绩优股。

那些还沉醉于关系构建、熟人面子的管理者，他们已经逐渐把自己变成了垃圾股。

第 10 课
Lesson 10

向死而生，逆向思维

"向死而生"让人活得更健康

世界上没有后悔药，可是一定有防止后悔的方法。查理·芒格一直研究人失败的原因，并推崇逆向思维。我特别喜欢他所推崇的逆向思维，这个思维模式让我们可以从另外一个角度来思考如何规避风险。

查理·芒格经常引用苏格兰的一句谚语：假如我知道我会死在哪儿，那我永远都不去那里。这句话给我的触动很大，它是从失败的结果出发，反过来思考问题，从而推导出行动方案。

运用这个方法，员工不用担心企业会淘汰自己，而只需思考企业会淘汰什么样的员工，自己的哪些行为会让企业淘汰自己。

在企业转型的过程中，不可避免地会有一些员工因为不再适应企业未来的发展而被淘汰。不过，员工只要按照查理·芒格教我们的方法去思考和行动，他就不仅不会被淘汰，还能成为变革的受益者。员工如果能在企业文化、赋能服务、工作效率等方面有良好的表现，相信一定能自信地面对未来。最可怕的是：有的人一方面诚惶诚恐地担心被企业淘汰，另一方面又在做着违背企业价值观的事。

虽然"向死而生"四个字看起来很扎心，可它是实实在在的能让我们活得更健康、更长寿的一种思维工具。

逆向思维，让成功变得轻松

英特尔前 CEO 安迪·格鲁夫也有一个著名的逆向思维故事。在硅谷，安迪·格鲁夫与比尔·盖茨齐名，是无数人崇拜的偶像，他有一本书叫作《只有偏执狂才能生存》。

当年，安迪·格鲁夫在做存储芯片的时候，一直亏损，差一点就要被董事会辞退了。有一天，他和他的助手在楼梯上聊现在的状况（这时他们已经准备辞职了），他问助手："我们要是被辞退了，新来的人会做些什么呢？"助手说："他们来了一定会启动微处理器这项业务。"安迪·格鲁夫就想为什么我们不这么做呢，于是他们放弃了存储芯片，将业务重心转向属于未来的微处理器，后来英特尔起死回生，成就了在全球微处理器领域的霸主地位。

我自己也这样思考，假如我不再担任莱绅通灵的CEO，公司请了另外一个职业经理人来做CEO，他会怎么做才能把莱绅通灵经营好呢？我认为，首先，他会出台员工利益分享计划，因为员工在公司工作一定是要获得合理的回报的；其次，整个公司要想运营好，资源一定是往优秀员工身上倾斜的；最后，他一定是符合公司价值观的。紧接着我会思考，既然别人按照这样的方法可以把公司经营好，我为什么不这么做呢？为什么不立刻这样做呢？

从"成功结果"逆向思维

进行逆向思维，首先要找到成功的要素。想知道怎么做才能成功，我们必须先定义什么叫成功，然后再定义成功有哪些要素。任何一件事情的成功一定是由多个要素导致的。把若干成功要素提炼出来再进行组合，列出不足之处，然后去完善这些要素（反推今天的行为），这种思维模式和传统的完全不同。

举个例子。大部分有孩子的父母都会给孩子制定职业发展或者人生发展的路径。父母在考虑孩子发展问题时大多运用的是顺向思维，觉得学钢琴好，就让孩子学钢琴；觉得学画画好，就让孩子学画画；觉得学财务好，就让孩子学财务。很少有父母会运用逆向思维。如果我们运用逆向思维反过来想一想，究竟什么样的人生才是孩子该有的幸福人生？也许你会给他规划一个幸福的童年，创造良好的成长环境，从小培养他的艺术感受力；长大后拥有一份事业，做他感兴趣的事情，再拥有一份美好的爱情……通过这样的思考，可以反推出幸福人生定义下的重要因素。

对比这两种思维模式，反思你作为父母的行为，是强扭还是疏导？是爱孩子还是爱自己？也许，你不过是把孩子作为你生命的延续，变成了你自己欲望的载体。你不会弹钢琴，羡慕会弹钢琴的人，自己没有机会学，所以让孩子去学。又或者，你学不好英语，因为英语不好错失了就业机会，所以你让孩子去学。到头来，不过是你想让孩子帮你实现你自己没有实现的人生目标。

再比如，很多管理者都不擅长及时给员工反馈，这可能就是一种顺向思维。反思一下，你的团队要想达成使命，是不是需要优秀的员工？如果员工的能力长期没有进步，你的团队有可能达到最好的状态吗？只要运用逆向思维，你就会明白应在员工身上投入巨大的精力。我们要完成一个伟大的事业，就必须先成就员工，培训员工，帮助他们成长。

逆向思维是先定义结果是什么，再列出达成结果必备的关键性要素，然后反推我们今天该怎么做。否则，我们很可能每天都在行动，但永远实现不了目标，因为在这个过程当中我们可能忽略了必备的关键性要素。但是，只要把达成结果必备的关键性要素都列出来，就能判断出今天的行为是否能帮助我们走向成功。

从"失败结果"逆向思维

逆向思维，既可以是积极的，也可以是消极的。比如查理·芒格经常引用的苏格兰谚语就是消极的。按照他的方式，我们会思考自己可能遇到被企业辞退的情况，那为什么会被辞退呢？如果企业会失败，使命无法达成，有可能是什么因素导致的呢？这里面有人的因素、纪律的因素、文化的因素、绩效的因素、熵增的因素，也有可能是别人不配合的因素，是不是这样呢？如果是，那我怎么避免呢？这就是一种消极的反推，是从失败因素来逆向思维。

我作为员工，如果被公司淘汰，被时代淘汰，会是哪几种因素导致的？可能是懒惰、消极抱怨、自我导向、因循守旧、执行力差、骄傲自满、不诚信等。当我们消除了这些因素，是不是成功的可能性就大多了？

高手都是"填坑"能手

工作就像踢足球，踢足球无非就是两件事，第一是把球踢进对方球门，第二是防止对方把球踢进我们的球门。如果我们进了一个球，对方进了两个球，我们就输了。防止对方进球，就是提前识别风险点（识坑），不仅要提前识坑，还要提前设置消灭风险点（填坑）的结构。

有些工作，80%的风险是由20%的风险点造成的。我们可以提前瞄准这些重要风险点，花80%的精力去消灭它们，这样我们就可以取得80%的业绩。可以说，工作中的高手都是"填坑"能手。

而且，每项工作的风险点可能会随着工作的推进而发生变化，我们应该每隔一段时间就梳理一下当下和未来的风险点在哪儿。要始终把"识坑""填坑"放在最重要的位置，公司的每个中心、每个部门、每个模块都要对所有的重要工作进行分析，提前"识坑"，然后找出"填坑"的办法。

要将"识坑""填坑"的行动工具化、结构化，让逆向思维这个高级心智模式由理念变成实实在在提升绩效的重要工具。

逆向思维，成功者的心智

总结一下：逆向思维就是从结果反推行为。

我们可以从成功因素反推出自己应有的行为，也可以从失败因素反推出自己不应有的行为。这样做的时候，我们的动作就会有的放矢，成功就不再是特别难的事情了。如果不用这种方法，我们常常会觉得很累，常常做了很多无用功，迟迟不能达成目标。这么好的工具，我们为什么不马上用起来呢？

第 11 课
Lesson 11

做对,而不是没做错

没做错,是阻止你成为精英的羁绊

很多人从小就有一种意识,觉得"做错"的反面是"没做错"。我从小也这么认为,不过后来总感觉有点不对,发现很多事虽然"没做错",但也"没做对"。

南京机场和深圳机场的新航站楼几乎是同时启用的。两个航站楼启用后,我从南京飞到深圳,那次飞行体验让我感慨良多。尽管自己是刻意体验,但南京新航站楼几乎没有给我留下什么印象,而到了深圳新航站楼,状况迥异,我仿佛置身于一个现代博物馆,这座航站楼带给我新奇、艺术、现代、震撼的感受。

有了在这两个机场的体验，我开始思考一个问题：它们之间到底有什么本质上的不同？仔细思考后，我有了答案：南京新航站楼的建设是"没做错"，而深圳新航站楼的建设是"做对了"。

回想我去过的国内众多机场，几乎没有哪一个给我留下了深刻印象，南京新航站楼不过是这些普通机场中的一个。它们共同的特点是满足飞机的安全起降，满足乘客的安全进出。它就是一个机场，没有给城市加分，没有成为城市名片，更没有体现城市的人文精神。

深圳机场与众多国内机场相比，不仅是一个机场，而且是深圳的名片，是深圳的标志性建筑，它体现着深圳作为改革开放现代化城市的精神面貌。

一句话总结，深圳机场"做对了"，而其他机场只是"没做错"。通过对机场的思考，我总结出做事的三个层次：做对、没做错、做错（见图11-1）。

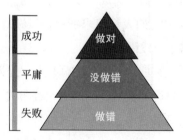

图11-1　校准成功的刻度

"没做错"也会死

网络上流传过一个关于诺基亚的故事。诺基亚 CEO 约玛·奥利拉在同意微软收购诺基亚时说:"我们并没有做错什么,但不知为什么,我们输了!"说完,连同他在内的几十名诺基亚高管潸然泪下。虽然这个故事的真实性有待考证,但它的流传也反映出了许多诺基亚粉丝内心的唏嘘和愤懑。

互联网时代最残忍的现实是,每个行业只有前几名"做对"的品牌可以活得很好,其他"没做错"的品牌大多都会死掉或只能惨淡经营。

"没做错"是根深蒂固的习惯

做事的好坏有三个层次:做对、没做错、做错。可怕的是,我们大部分人并不知道存在这样的成功"刻度表",大部分人都把"没做错"当成了成功的标准。

我发现,成功的人都追求把事情"做对",而大部分平庸的人则习惯于"没做错"。

"没做错"在工业时代的影响不大,因为那时的企业竞争和人才竞争是区域性的、局部的、缓和的。企业和个人不需要和世界大品牌竞争,很多品牌都可以在不同的区域、不同的国家生存。

过去,我们做事的目标就是完成任务,即"没做错",而没有习惯于追求"做对",甚至都不知道有"做对"这个刻度。

一个人如果把做事的标准定为"没做错",那么这个人注定无法取得优异的成绩。我真诚地给大家一个建议,想成为职场精英,就要重新校准自己做事的刻度,明白做事有三个档次:做对、没做错、做错。如果你每次做事时,能习惯地以"做对"为标准,我相信你很快就会迈进精英的行列。

你的做对指数是多少

我经常想,是否可以用一两个指标把一个职场人士的潜力衡量出来,就像通过很少的几个指标(如血压、心跳等)就可以大致衡量出一个人的健康程度一样。

学了"做对,而不是没做错"的心智模式后,不少员工问我:"我想把事情做对,可是不知道做对的标准是什么?"还有员工对我说,了解了这条心智模式以后很后怕。这种后怕就好比一个减肥的女生,把每天摄入的卡路里标准都弄错了。本来一天摄入的热量应该控制在1600大卡以内,然而她却控制在2500大卡以内。长此以往,她的减肥效果怎么样,也就可想而知了。

因为对"做对指数"的无知,大部分人的职业发展潜力大打折扣。"做对指数"包含两个维度。第一是意愿项,我称之为"做对的意愿"。有的人明知有"做对"这个选项,但由于怕麻烦,或者怕承担责任,就选了"不做错",这类人是没有进取心的。第二是能力项,即"做对的能力"。有的人想把事情做对,但是能力不足,限制了他们的想象。很多人根本就不知道世界上还有"做对"这个选项,"不做错"对他们而言都已经很难了。

员工要提升自己的"做对指数",必须在"意愿项"和"能力项"两个维度同时发力(见图11-2)。

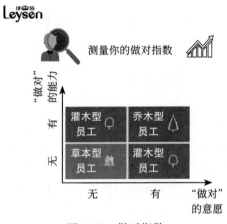

图11-2 做对指数

通过"做对指数",我们可以区分出谁可能成长为企业的"乔木型员工",谁会是"草本型员工",谁会是"灌木型员工"。后面我也会专门介绍这三类员工。

最近,我们的供应链管理部负责人提出,公司要扩大克拉钻的销售,他自己也深入一线调研,进行策划。作为供应链管理部门负责人,如果把自己的工作仅仅定位成为公司和门店提供被动服务,他属于"没做错",但根据自己的能力积极谋划公司新的销售增长点,这样的行为就是在向"做对"迈进。

"做对"的人往往会成为公司和部门的引领者。"被需要"是职场的第一性原理，当员工的思考和行为只是以"没做错"为导向时，他的"被需要力"也就慢慢丧失了。一个"做对指数"低的员工，在职场上把握自己命运的能力也低。

"做对指数"是我们事业、生活和学习获得成功的支点，当我们找到这个支点、用好这个支点时，成功就不再是遥远的彼岸了。

第 12 课
Lesson 12

消灭问题而不是解决问题

《教父》里有一句台词：花半秒钟就看透事物本质的人，和花一辈子都看不清事物本质的人，他们的命运注定截然不同。《教父》的这句台词里说的"本质"是什么呢？看清楚事物的本质并不是一件容易的事，而且也没有必要把所有事情的本质都弄明白，否则活得太累。不过，我们可以通过因果关系了解事物的基本逻辑，这样我们的工作、生活就会更有效率，更有质量。

扁鹊三兄弟谁最厉害

一次，魏文王问扁鹊："你们家兄弟三人，都精于医术，到底哪一位的医术最好呢?"扁鹊答:"长兄最好,中兄次之,我最差。"文王又问:"那为什么你最出名呢?"扁鹊答:"长兄治病,是治病于病情发作之前,由于一般人不知道他能事先铲除病因,所以他的名气无法传出去;中兄治病,于病情初起时,一般人以为他只能治轻微的小病,所以他的名气只及本乡里;而我是治病于病情严重之时,一般人都看到我在经脉上穿针管放血、在皮肤上敷药等,所以都以为我的医术高明,因此我的名气传遍全国。"

扁鹊三兄弟的故事给我们的启发是,不要等到问题已经出现了再去解决问题。高手是在问题还没有产生前,就在可能导致问题产生的原因上下功夫,直至不让问题产生。

高手消灭问题,普通人解决问题

在出现问题时,普通人想到的是解决问题,高手会思考问题是怎么产生的,通过不让问题产生而从根本上解决问题。不让问题产生,就是消除导致问题产生的条件,也就是"消灭产生问题的温床"。如果只聚焦在解决问题上,而不是聚焦在消除导致问题产生的条件上,未来问题还会层出不穷。

我很喜欢"万折必东"这个富有哲理的成语,它的意思是说河流不论有多少曲折,最后都东流入海。比喻事物不管遇到什么曲折,总会按照客观规律发展。

现实中,无论好事还是坏事,我们看到的都是它的现象,或者说是一种规律的结果。任何人都改变不了事物发展的规律，我们可以改变的是形成这种规律的条件。我们想得到好结果，只要具备了产生好结果的条件，好结果自动就会出现。想避免坏结果，就要消除产生坏结果的条件。

策略力就是消灭问题的能力

有一次我在南京开会，电话连线苏州战区负责人，电话另外一端传来她焦虑的声音：我们店对面的卡地亚和蒂芙尼都开张了，分流了我们很多客源。

卡地亚、蒂芙尼这些奢侈品珠宝品牌曾是传说中的存在，是我们的偶像，现在它们来到中国，来到我们身边，与我们拼杀。面对它们，我们唯一可以做的就是努力奋斗。

当听到一线战区负责人焦虑的声音时，我不知道别的管理人员和专业人员的心情是什么样的，我的内心是澎湃的。作为管理人员，必须帮助一线销售人员打赢战争。

要赢，除了要有勇气外，还必须要有策略力。策略力就是根据公司总体战略、优劣势制定局部战区计划和行动的能力。本质上，策略力就是解决问题、消灭问题的能力。

策略力是专业、智商、情商、眼界、格局等各方面的综合体现。策略力不仅是对中高层管理者的要求，也是对所有的管理人员和专业人员的要求。那么，如何提升策略力呢？

第一，必须认真学习专业知识。

第二，认真学习公司的心智模式。这些心智模式可以提升员工的认知能力，可以提供解决实际工作问题的新视角，对工作大有帮助。

第三，向公司内外的标杆、榜样学习。每个人的智商或许差别不大，同样的事，为什么别人能做好而自己做不好？同样的问题，为什么别人可以解决而自己不能解决？向做得好的人学习，是捷径。

第四，自我批判和自我革新。时代在变，消费者需求在变，一切都在变，每个人都要反省自己如何才能跟上时代的步伐，如何才能经营好自己这个"微企业"，如何为公司、为顾客创造价值。

增长是使命，增长是时代的要求，绘制切实可行的增长路径就是我们的策略力的体现。策略力，要求我们不仅要有领导力、管理力，更要有经营力。市场竞争是残酷的，品牌的价值来自为顾客消灭问题的能力，如果不能为顾客消灭问题，那么就将被对手消灭。员工的价值来自其消灭工作中问题的能力，如果一名员工不能消灭工作中的问题，他的位置也将岌岌可危。

"消灭问题，而不是解决问题"，已经纳入莱绅通灵的心智模式，它是一种非常高级又非常实用的思维模型，也是我自己习惯使用的一种思维方式。这个心智模型结合了"本质思考"和"逆向思维"两个特点，可以从根本上解决问题。

我们几乎在遇到所有问题时，都可以先思考一下，产生这个问题的根本原因是什么？我们有没有可能消灭它？

第 13 课
Lesson 13

模型，战胜动物性思维的利器

美国著名心理学家艾利克森在"专业特长科学"领域花了几十年的时间，潜心研究了一系列行业（领域）中的专家级人物，包括国际象棋大师、顶尖小提琴家、运动明星、记忆高手、拼字冠军、杰出医生等。他发现，不论在什么行业（领域），提高技能或能力的最有效方法全都遵循一系列普遍原则，我把这些普遍原则称为"高手魔法"。

高手魔法的核心：构建模型、反复练习、及时反馈

莫扎特是大家公认的一位音乐天才，他 7 岁就举行了大型音乐会，让音乐界广为震惊，不过这还不算什么，更令人

难以置信的是，莫扎特在 4 岁的时候就能够分辨任何音乐的音调，甚至时钟报时声的音调、人打喷嚏声的音调，这种能力是极其罕见的，大约在每 1 万人当中，只有一个人具有这种分辨绝对音高的能力。莫扎特的这种能力一直是证明"天赋是与生俱来的"绝好例子。似乎，天才之所以是天才，就是因为有天赋异禀的能力。

然而，真是这样吗？2014 年，日本的一位心理学家做了一个实验，他招募了 24 个 2～6 岁的孩子，在按照"高手魔法"原则训练 1 年以后，这 24 个孩子全部具备了分辨绝对音高的能力。也就是说经过训练，这些孩子也有了和天才一样的表现。这就是说，莫扎特的所谓天赋很可能也是训练的结果。要知道，早在莫扎特 4 岁的时候，他父亲就已经全职教他音乐了，音乐训练的强度和方法比那 24 个小孩子还要高，可以说，是"高手魔法"造就了天才。

高手魔法第一步：构建模型

有一次我和几个外国朋友在国外购物，要计算我们买的几件东西需要付多少钱，我的助理用心算很快就算出来了，外国朋友大为惊讶。很多外国人连个位数的加减法都不会，更不用说乘法了。现在的中国人之所以计算能力强，原因之一是大家从小背诵乘法口诀，而乘法口诀就类似于植入大家大脑中的一套"算法"。

相信外国的学生和中国的学生一样，也学过乘法，也有乘法知识。区别在于，外国人是把乘法作为学问在教，而聪明的中国人除了教授乘法知识外，还把乘法知识归纳成了一套算法，或者说模型，我们只要掌握了这套算法，就可以应对基本的乘法问题。虽然我们和外国人学习的数学知识是一致的，但是我们在知识运用或者说知识提取方面有质的飞跃。

过去上级对下级的培训，都强调知识点和知识量。不过，这些知识点并没有形成专业模型，虽然可能是正确的，但是因为过于零散，员工未必能真正掌握，即便真的掌握了，在实际工作中也很难运用。

构建专业模型之所以重要，是因为模型里已经嵌入了"成事"的逻辑，模型由多个推动目的达成的要素构成，在构建模型时已经考虑了达成目的的各要素之间的关系。只给下属知识点，而不提供模型，就仿佛给了员工一堆汽车零件，而不是提供一辆完整的车，想让员工把一堆汽车零件当车开起来，比登天还难。

当我们感叹下属执行力差时，要反求诸己，检讨一下自己，我们是给了下属一辆整车，还是一堆汽车零件。员工则要思考，平时学的是知识点还是专业模型，如果掌握的仅仅是知识点，那十分遗憾，在实际运用中，这些知识点几乎是没有价值的。

高手魔法第二步：反复练习

成为高手的第二步是反复练习。正如前文所述，如果一个中国人知道乘法口诀表，但是没有背下来，他在实际运用时还是束手无策。要想记得乘法口诀表，就必须反复练习。反复练习不是机械地练习，而是要不断地挑战，向难处、复杂处发起挑战，在实际工作中练习如何使用模型。要让这些模型或者说套路都"刻"在心里，要让这些模型成为自己的心智模式，在需要时，不用思考，它就可以自动运行起来。

高手魔法第三步：及时反馈

不知道大家注意到没有，哪怕是世界顶级运动员，他们都有教练。事实上这些教练的水平大多都不如他的学生。那么，这些世界顶级运动员为什么要找比他们水平低的人做教练呢？答案是，如果他们想要获得高水平的成绩，那么在训练和比赛时就需要得到"及时反馈"。得到及时反馈，可以让选手在做错的时候及时纠偏，在做对的时候保持正确。一个好的上级在工作中也必须履行教练的职责，在员工做对时要给予肯定，在员工做错时要及时提醒。

工作中不能给下属及时反馈的领导，是不合格的领导，甚至是不道德的领导。因为员工在不知道自己做得好不好的情况下，如果得不到正确反馈，就很难持续成长。就像一个射击选手，每次打靶练习时都没有人告诉他射中了没有，他怎么能提高呢？

公司的各项调查、271排序等管理工具，都是在强化及时反馈，把每个员工的真实情况反馈给员工自己，让员工根据反馈，知道自己在客户心中的位置和在同事中的名次，好及时调整自己的工作和学习。

好领导不应该是简单的管控者，甚至不是知识输出者，而是管理模型的构建者。上级本身就应该是教练，他教授的应该是套路、模型。他在管理中应当考察下属有没有按模型作业，而不是简单地看结果，因为结果可能是由多种原因造成的。只有按"套路"出牌，成功才可能是大概率事件。

好领导还应该监督下属按"套路"反复练习，工作不是仅仅掌握知识就可以，只有炉火纯青、脱口而出、条件反射的呈现才有实际价值。

成功，原来是按图索骥

2019 年的奥斯卡最佳纪录片奖，颁给了一部名为《徒手攀岩》的纪录片。

《徒手攀岩》记录的是一位叫亚历克斯（Alex）的职业攀岩运动员徒手爬上一座悬崖的过程。那座悬崖，叫酋长岩，位于美国的优山美地国家公园。这块岩石是迄今已知的地球表面上最大的一块单体花岗岩，高 914 米，比世界上最高的建筑迪拜的哈利法塔还要高。

亚历克斯每天不是住在房子里，而是住在一辆拖车里，吃饭睡觉都在车里，就是为了靠近悬崖，好进行训练。除了攀岩以外，他主要的时间都用于在拖车里练习引体向上。不是用整只手，而是用手指吊起全身的重量，一吊就是一个小时。

攀岩者全身的重量，全部落在手指和脚尖上。而支撑手脚的，可能只是悬崖上一块不到 2 厘米宽的凸起。当前进的时候，也就是要换手换脚的时候，全身的支撑点会减少到两个。只要出现一次失误，就会粉身碎骨。

但是在纪录片中，亚历克斯说了一句话，非常奇怪，他说："风险和后果是两回事。徒手攀岩的风险很低，只是后果很严重。"徒手攀岩这件事的问题仅仅在于，它的风险是不是可控的。

亚历克斯的答案是：可以，只要勤于练习。

他为了攀登酋长岩准备了八年。在这八年的里，亚历克斯在不同的条件下练习攀岩。光酋长岩，他就带着绳子攀登过将近 60 次，一遍一遍地考察路线（见图 13-1）。每次攀岩回来，他的第一件事就是记笔记。酋长岩上哪个地方有一个微小的凸起可以借力，在各个地方手和脚应该怎么配合，亚历克斯都烂熟于胸。

图 13-1 攀岩路线图

资料来源：国家地理中文网。

经过长期训练，亚历克斯不仅做到了动作熟练，而且也感知到了攀岩过程中的一个个限制，比如这里的路线只能这么设计，这块石头只能用这个姿势踩，这个地方手脚挪动只能按照这个顺序。914 米的成功攀登，每一步、每一秒，都是被各种维度的限制规定出来的。这里哪有什么自由，哪有什么随心所欲。

一个高手之所以是高手，不是因为他拥有更多的自由，而是因为他看到了更多的限制。成为高手的过程，不是放纵自己的过程，而是不断受到约束的过程。

亚历克斯之所以能够成功登顶，是因为他坚持长期训练，在这个岩石上探索出一条别人看不见的"路"，随后的过程，对于他来说，不过是按图索骥而已。

在工作中，有没有一条必然通向成功的路？答案当然是肯定的。

我们的工作如果没有一条清晰可走的路，那便仿佛每天在探险。显然，探险是危险的、不可靠的。要想让工作有确定的结果，就必须提前摸索出一条可靠的路，这条可靠的路就是搭建工作模型，让员工按图索骥，工作结果就会变得可靠、保险。

思维模型决定行为模型

我们所在的世界，大到宇宙、日月星辰，小到一日三餐、吃喝拉撒，都离不开模型。你可以不懂模型，但是你就生活在模型里；你可以不理模型，但是模型每时每刻都在左右着你。

月亮每月绕地球一周，地球每 24 小时绕太阳一周，太阳系每 2.5 亿年绕银河系一周。一年 365 天，一年 12 个月，一天 24 小时，一小时 60 分钟。这些就是宇宙和时间的模型之一。人有生老病死，年有春夏秋冬，模型无处不在。我们的每一个动作、每一个思考，都是模型的一部分，只是我们没有思考它是好模型还是差模型。

整个世界都在遵循着它的模型运转，不同的国家遵循着不同的模型。飞机、铁路时刻表、学校的课程表，这些都是显性模型。在显性模型之外，还有隐性模型，比如美女配佳人、"得道多助，失道寡助"。隐性模型，是因为它的边界比较模糊，所以是隐性的。

那些我们觉得是"超人"的人，他们之所以有超级能力，不过是因为他们掌握了更先进的思维模型和行为模型。他们通过先进的思维模型可以推导出更多的优秀想法，这些想法通过优秀的行为模型得以执行，又带来越来越多的好结果。

思维模型决定行为模型。人的行为都是在思维的指导下进行的。有着不同的成长背景和教育背景的人，他们的思维模型是完全不同的。不同的思维模型会带来不同的行为模型。在经济不好的时候，有消极思维模型的人会觉得绝望，放弃努力，而有积极思维模型的人会看到机会，更加努力。同样是公司组织学习，有的人觉得是负担，敷衍了事，而有的人觉得是福利，积极参与，这就是由不同思维模型所导致的不同行为。

模型是战胜动物性思维的重要工具

诺贝尔奖获得者丹尼尔·卡尼曼把人类的思维系统分为系统1和系统2。系统1是类似于本能的动物性思维系统，是快思考。系统2是基于逻辑分析的理性思维系统，是慢思考。在人类的日常生活中，占统治地位的是动物性思维，我们学到的知识和用到的知识是分裂的，这就导致了"聪明人也会做蠢事""学了很多知识，也过不好一生"的结果。

如果一个人不是开悟的人或者经过特殊训练的人，他的决策往往都是不靠谱的。这就是为什么很多人，哪怕再努力，都必然是平庸的。

高手都用确定的模型来应对业务和结果的不确定性。换句话说，就是把系统2的慢思考通过结构化设置，变成系统1的快思考，把重要的工作模型化。模型就是对基于算法的流程和时间节点进行固化。

在设计工作模型背后的理念是，把工作分成两个大步骤。一是通过集思广益，用众人的理性思维（即慢思维）对做事的流程和时间节点进行明确的界定和固化。二是找到适合的人进行培训，然后让他们按模型作业。因为模型已经充分考虑了各维度的问题，按模型开展工作大概率就会产生我们想要的结果。

因为市场和环境在不断变化，所以对模型的不断优化是必不可少的。

因为有了大概率可以产生可控结果的模型，所以工作可以规模化复制，对员工的要求也大幅度降低。因为是按图索骥，所以员工压力更小，效率很高。

竞争就是模型的竞争

马云、任正非都是学习模型的高手。

阿里巴巴在创业时就引进了完整的通用电气"年度业务系统"管理模型。马云的管理理念，上三板"使命、愿景、价值观"和下三板"组织、人才、KPI"，就是对通用管理模型的浓缩。

任正非请IBM为华为做咨询，全面引进IBM的管理模型。任正非的"先僵化、再固化、后优化""削足适履"等口号，都是在引进IBM管理模型时提出的。

阿里巴巴、华为和无数成功的企业，它们的成功，无一不是管理模型的威力的体现。

企业间产品的竞争，也是模型的竞争。我们说哪个手机好用，是说它们的产品模型比较好。喜欢苹果iOS，就是喜欢它的操作模型。喜欢安卓，就是喜欢安卓手机的操作模型。

人的竞争，也是模型的竞争。厉害的人之所以厉害，是因为他们掌握了比我们更多的优秀的思维模型和行为模型。

让自己成为超人

如何让我们尽快缩小和巨人的差距呢？

第一，让自己的头脑里有先进的思维模型。人的一切从思维开始，如果大脑里都是糨糊，工作必然是一团糨糊，人生也必然是一团糨糊。思维模型并没有那么神秘、复杂，它是经验的抽象总结。学习思维模型，最难的是如何做到在需要时能立即调取。

第二，建立并使用工作模型。通过工作模型来工作，即便使用快思维也不会出错，因为工作模型中的流程指向，是朝着成功的结果推进的。

当前世界有 70 多亿人口，我们如何从中脱颖而出，这是个大问题。

坏消息是，科技在飞速发展，人类的相互竞争在加剧，而我们的知识结构却在每天老化。

好消息是，你已经知道了快思维和慢思维的区别，那么接下来的问题就是，如何运用好慢思维，如何运用更好的思维模型和行为模型来武装自己。

管理者的价值体现在输出优质模型上

企业发展好坏，与企业文化或者经营管理模型的质量密不可分。

企业愿景、使命、价值观和各项制度，这些虚实结合的理念和制度就是企业的管理模型。我把这些类比为手机里的底层操作系统，如安卓操作系统、苹果 iOS。基于底层操作系统，各部门会派生出他们的专业领域模型，这部分类似于手机里的 App。

手机要想好用，首要条件是底层操作系统一定要好，模型要领先；企业要想发展得好，也是同样的道理，公司的底层操作系统和模型一定要先进，各专业部门的模型也要领先。

中高层管理者都需要在自己的专业领域构建专业模型，并不断优化，否则所谓专业、所谓管理能力必然是空中楼阁。基层管理者更多的是运用模型（执行），模型里已经嵌入了业绩成功的逻辑，运用得越好，对自己业务的提升作用越高。

我们每个人都要思考自己人生的"成功模型"。很多人很努力，但始终觉得不如意，那么他们要思考一下，自己是否正在运行着一套落后的人生模型。如果模型已经落后了，怎么能奢望有好的结果呢？

当模型确定的时候，其实结果也就确定了。

手把手教你如何设计模型

既然模型这么重要，既然做任何事都需要有模型，那么能不能输出一个设计模型的模型呢？为此，我尝试着总结了设计模型的要点：关键要素权重、利益相关者权重、简单、做个"狠人"。

关键要素权重

任何一个系统都由若干个关键要素构成。比如汽车就是一个系统，这个系统由动力、轮胎、制动、电力等关键要素构成，如果没有这些关键要素，就不能构成这个系统。

当我们构建一个模型时，首先要罗列出这个模型的必要条件。比如我们要开一家零售店，必要条件至少有人、货、场等；一个企业的营销策略必须包括"4C"；一个智能手机至少要包括屏幕、处理器、操作系统等；一套住宅，至少需要卧室、厕所、门、窗户等。

罗列关键要素让我们在构建模型时，能够做到不漏项、不缺项。

比如在招聘管理人员时，我相信任何一个企业，都会对任职者提出专业能力、工作经验、进取心、智商、情商、逆商（逆境中的表现）等方面的要求。

如果在员工招聘或者晋升时，员工胜任模型中有明显的缺项，那么在实际工作中就会以偏概全，挑选到不合格的员工。

一个系统内各要素的不同权重，要根据主体的不同使命和目标来设定。比如同样是专业能力，对一个科研人员的要求和对一个管理人员的要求，肯定不一样；同样是汽车发动机的性能，家用车、商用车、赛车会肯定有不同权重的设计。权重反映我们的价值导向，或者阶段性的目标任务。比如说莱绅通灵的使命是"赋能王室品位"，所以"客户体验"在公司品牌管理模型中的权重就会放大。

利益相关者权重

任何一个模型，它一定存在于一个更大的模型系统中，设计时不能只考虑这个模型本身，还要关注它的外围环境甚至一切利益相关者。比如对于国际贸易类的企业来说，中美关系会影响它的业务，这种影响可能是正面的，也可能是负面的。比如今天商品打折销售，过去买过我们商品的消费者会怎么看待我们？再比如我们给予一个部门或者一个人奖励，会不会引起其他部门或者其他人员的抱怨？

所以，在设计模型时，要对利益相关者对工作的影响程度进行评估。

奥卡姆剃刀原理

企业的资源永远是有限的，在构建算法或模型时，必须遵循"奥卡姆剃刀原理"，奥卡姆剃刀原理就是"如无必要，勿增实体"。采用简单管理的方式，化繁为简，将复杂的事物简单化。所有可有可无的或者不能创造价值的东西，一律去除。

做个"狠人"

我发现世界上所有成功的人都有一个重要的特点，即他们都是"狠人"。这里说的"狠"，有两层含义，一是坚持原则、坚持底线，无论是对自己还是对别人；二是持续，任何事没有持续的坚持都是不可能成功的。

在华为发展壮大的二十多年里，任正非没有因各种各样的诱惑而分心，他是个长期执着于技术投入和管理的人，是名副其实的"狠人"。海底捞的创始人张勇是餐饮界的"狠人"，从开第一家火锅店开始，他就坚持为客户提供"变态"的服务，他的"狠"让海底捞成为中国餐饮第一品牌。

现在，你可以闭上双眼，评估一下自己有没有成为高手的那股狠劲。如果没有，就得思考一下你的人生模型是不是需要优化。

我们在奋力向前奔跑时，可以适时停下来思考一下我们在工作、事业、生活中的模型是否有漏洞。如果有，就要抓紧升级，否则，即便我们再努力，也可能徒劳无功。

在你思考自己的工作、事业、人生发展的过程中，希望上述要点能对你有所帮助。

掌握模型，你就可以成为"价值放大器"

前几年我经常去比利时安特卫普的欧陆之星采购钻石，在欧陆之星不大的办公室里，经常是我的左边坐着卡地亚的采购人员，右边坐着蒂芙尼的采购人员。在那里，我还会经常遇到瑞士名表品牌的钻石采购人员。

那时我常想，我们采购的钻石在品质上和卡地亚、蒂芙尼差不多，为什么我们的产品在市场上的价格和它们的相差特别大？

米其林牛排的神秘酱料

由于经常周游欧洲，我品尝过各种风味的牛排，唯独对位于巴黎的一家牛排店——米其林餐厅——的牛排最为钟情。最近到上海出差，一位老友神秘地向我推荐了一家小众牛排店，他说这里的口味包我满意。

在他的盛情邀请下，我也坐在了这家牛排店的餐桌前。第一口下去，我的脑海里竟然出现了巴黎那家牛排店窗外的街景。这不就是我最喜爱的味道吗？老友告诉我，他想成为这家牛排店的加盟商，由于知道我吃牛排的品位比较高，所以让我来把把关。说着，他便邀请主厨一起坐下来聊聊。攀谈一番后，我才得知，这位主厨早年留学法国，回国前恰好就在那家米其林餐厅工作了几年，专门负责烹饪牛排。

主厨向我们介绍，虽然他没有那家米其林餐厅的牛排，但他有独门秘方，那就是他从那家米其林餐厅带回来的牛排酱料制作方法。新鲜的进口牛排，辅以他调制的"神秘酱料",让这家牛排店的生意越来越好,周末的位置甚至要提前一个月预定。他们接下来准备到北京、广州、深圳等地开分店,我的老友就是幸运的合伙人之一。

其实,在这家牛排店里,其他的食材都可以替换,唯独这份"神秘酱料"是最大的杠杆,也是这家店的"价值放大器"。有了它,再普通的食材都可以熠熠生辉。"神秘酱料"成了主厨的魔法神器。

我突然对这个"价值放大器"感兴趣了,我和卡地亚、蒂凡尼采购的是同样的钻石,可是因为它们有品牌这个价值放大器,就可以把同样的钻石在市场上卖出不同的价格。

成功的品牌和人都拥有价值放大器

当我关注到价值放大器这个神奇的东西后,就开始有意识地关注一些大品牌,通过研究,我发现它们无一不拥有至少一个可以点石成金的价值放大器。比如,我曾经接触过可口可乐的现场调兑设备,一个很简单的设备,接上水和可口可乐的浓缩液,立即就出来了一杯可口的可乐。让可口可乐畅销全球的秘密,全在可口可乐的神秘配方里。按照那个神秘配方制成的浓缩液在一杯可口可乐中只占了很小的一部分,可就是因为有了它的兑入,普通的水就更值钱了。

"山不在高有仙则名,水不在深有龙则灵。"刘禹锡笔下的仙和龙就是点石成金的价值放大器。

在职场上也是这样。我们看一个管理者是否优秀,不是看他的背景如何、学历如何,而是看他头脑里有没有先进的专业模型、有没有厉害的管理模型,看他的模型是不是能不断地迭代。

在莱绅通灵，模型力是管理者的必备能力之一。我们往往错误地以为管理是管理人和事。其实，真正的管理既不管人，也不管事，而是管理模型，通过模型去管理人和事。这就是莱绅通灵致力于提升每名员工的"模型力"的原因。

模型力是管理者和普通员工之间的分水岭。没有模型力的人也许能把自己的工作做好，但不能保证把一系列复杂的工作做好。模型力是工作质量的保证。

掌握了模型力，每个人都有机会成为叱咤职场的价值放大器。

第 14 课
Lesson 14

防熵增是生死命题

防熵增是莱绅通灵管理的第一性原理因此公司将风险控制中心更名为"防熵中心"。

"熵"对大部分人而言还是一个陌生的词。熵本来是一个物理学、热力学概念,是热力学第二定律。熵是封闭的热力系统中不能做功的一定热量的能量计量单位,也就是指封闭系统中对无序和随机的计量单位。这听起来很拗口,其实我们只要记住:熵增的基本含义就是混沌、有序性的衰减、惰性、混乱递增、不明确、衰败等。

熵增,是一定的、不可逆转的。基于牛顿机械论原理设计的企业,就是一个大机器,这样的企业是封闭的、有边界的。这样的企业,必然会出现熵增,必然会从有序走向无序。

组织必须防熵增

任何组织随着时间的推移，必然走向涣散化、官僚化、混乱化、腐败化，并最终走向死亡，其中最大的力量就是组织的熵增。

熵增定律从物理学原理的最大尺度、最底层的逻辑上，解释了企业必然走向衰败的科学规律。这也解释了为什么很多大企业最终会死亡。

如果要改变企业走向衰败的轨迹，最基本的做法就是"防熵增"。

防熵增要从以下几个方面来解决：

1. 抵制形式主义；
2. 缩小核算单位；
3. 由机械论组织向进化论组织转变；
4. 由封闭系统向开放系统转变。

管理往往是反自然的，而熵增原理是自然的规律。倒一杯开水，开水慢慢就变成凉水，而且这个过程是不可逆的，凉水不会再变成开水，除非你把它再加热。在一个孤立的系统里，秩序总是慢慢走向崩溃，除非你从外面输入能量。

传统管理学包括计划、组织、协调、控制等要素，其中"控制"就是防熵增。从这个意义上来说，防熵增是所有管理者必须要做的工作之一，这也是体现管理者能力的工作内容。

任何组织如果没有防熵增管理，必然会走向混沌和无序状态，再加上组织本身就是由复杂的人组成，随时可能陷入更大的混乱。此外，人性中的惰怠，也会让组织逐渐失去活力。"有序→无序→混乱→死亡"的整个熵增过程就是组织衰败的必然过程，我们能做的就是延长这一过程，让死亡来得慢一些。

我们将风险控制中心更名为"防熵中心"，就是要让防熵增在莱绅通灵变得组织化、常态化、前置化和全员化。过去的风控中心，更像外科或骨科医生，公司发现违纪事件，由它负责进行"手术治疗"。现在的防熵中心，更像健康保健医生，对各中心、各部门定期进行体检，提前做好防熵增检查。

熵增有些时候是显性的，比如流程混乱、能力短板、沟通不畅等，这些问题相对容易制定管理改进措施。可是熵增很多时候是隐性的，企业需要时刻警惕隐性熵增，特别是在自己认为十分成熟的、特别有价值的东西上，比如在价值观、流程和资源上。这些东西可以推动企业发展，但也有可能拖企业的后腿。我最近就听到公司内部有人抱怨流程越来越复杂，但也有人认为流程是公司强有力的竞争力之一。

不管是存在延迟显性熵增还是隐性熵增，企业要存活，要可持续发展，唯一的途径就是打破封闭、对外开放、增强生命力、远离平衡态。不管是在宏观的企业管理上，还是在微观的个人活力激发上，我们都需不断和外界进行信息和能量的交换，汲取有益的部分、提升发展势能、逆向做功，让企业保持有序，维持在一个稳定而低的熵水平上。

1969年，普利高津提出了耗散结构的概念，它是一个远离平衡态的开放系统，通过不断与外界进行物质和能量交换，在耗散过程中产生负熵流，从原来的无序状态转变为有序状态，这种新的有序结构就是耗散结构。

耗散结构有三大特征：非线性、远离平衡态、开放性。

非线性比较好理解，任何一个相对复杂的系统，都是非线性的。包括人、团队和企业，其效用都不是1+1=2。

远离平衡态，是折腾，不断折腾，让企业或者个体远离舒适区。一旦过于舒适，动力和活力就会减少，最后的结果就是死亡。

开放性，可以理解为信息的输入，它可以让你更了解周围的复杂环境，更好地做决断。有足够的敏感度，本身也是一种能力。

为了让企业能够持续发展，避免熵死，我们能做的就是构建耗散结构，打破系统的封闭和平衡，注入新能量、新信息，给系统以新的活力和方向，让系统能正向做功，不断建立新秩序。

防熵增，就是要新陈代谢

虽然说公司有了防熵中心，但是防熵增的工作并不仅仅是一个中心的事，而是各中心、所有管理人员的基础工作之一。

熵是繁荣的反面、兴旺的反面、有序的反面。所谓繁荣，不过是熵这种魔鬼处于最隐性的状态，它隐身了，它随时可能显现出来。而且最要命的是，它始终不会离开。所有生命体、所有的组织的最终结局都是熵死。

负熵指混沌和无序状态的减少。负熵是熵增的反面。负熵的形成依赖外来能量的输入。

所谓的管理，首先要意识到组织是处在转送到死亡的传送带上。然后，是采取各种措施，朝着熵增的相反方向努力，以对抗熵增的趋势。

当然，我们在说到熵的时候，有一个前置的限制条件，就是封闭系统。其实，管理不仅仅是延缓一个组织的死亡，而是如何从一个封闭的传送带上突围，让组织成为一个能够从系统外输入能量的组织，这样我们就会大大地改变我们组织的生命周期。

新陈代谢是最有效的防熵增的手段。

管理要做的只有一件事情，就是如何对抗熵增的趋势，或者说尽可能地暂时地减少熵。当然，我们也可以说，管理就是如何增加企业的生命力。

防熵增，组织必须走向开放

熵增无处不在。一个苹果，落在地上之后，内部秩序从有序走向无序，熵不断增加，苹果慢慢开始腐烂变质，最终融入大地，达到新的平衡；一根钢筋的熵增过程，就是不断被锈蚀的过程；一块岩石的熵增过程，就是被风化的过程。

如果大自然必然走向不可逆的无序，那么生命这样复杂精密的时空结构，为什么会在无序中产生呢？

不光如此，只要生命体还活着，它就必须有能力持续保证它的混乱程度非常小、时空结构高度精密，这都和热力学第二定律恰好相反。难道生命真的是逃出自然规律之外的异类吗？

答案就藏在热力学第二定律中。定律提到"孤立系统"

这四个字，孤立系统就是没有能量和物质输入、输出的系统。如果有能量持续地输入，那么热力学第二定律就打开了一扇后门：在一定的空间和时间范围内，混乱程度有可能持续下降。

只要有持续的能量输入，生命现象（高度精密的时空结构）就能够存在并得到很好的维持。所以，能量才是生命现象得以产生的根本动力。

埃尔温·薛定谔说，"生命以负熵为生""一个动物想要活着，就得持续不断地吃下去混乱度比较低、熵也比较低的食物，然后排泄出混乱度比较高、熵也比较高的粪便"。这样一来，动物就等于从环境中获取了负熵，从而降低自身的混乱度，维持生命。动物从食物中获得能量，获取负熵，排出熵。植物负熵的来源是太阳光携带的能量，排出二氧化碳。

熵增无处不在，无论是个人还是组织，都面临着和熵增的抗争。

组织要防熵增，就要不断给组织输入外部能量，让外部优秀员工进入团队，让不合格员工离开团队。要打破组织边界，从封闭变成开放。

小心自己成为熵

> 邪恶进攻正直的心灵，从来不会大张旗鼓，它总是想法子偷袭，总是戴着某种诡辩的面具，还时常披着道德的外衣。
>
> ——卢梭《忏悔录》

知道熵增无处不在，我们就可以有意识地防范熵增，增加负熵。

比如，在面对食物时，我们可以思考一下，我们吃进肚子里的有多少是熵？有多少是负熵？少吃进一口熵，就多给身体保留一份活力。

再比如，工作中有人对你假意关心，实际却是离间你和别人或者公司的关系，他给你带来的负面情绪就是在对你的精神"灌熵"。一些人对领导阿谀奉承，在工作上弄虚作假，对同事挑拨离间，也是在给员工和公司制造熵。

我们只有不断学习，提高认知边界，少和工作消极的人在一起，才是抵御熵增的有效办法。知识是负熵，所以我们应该多摄取知识，但如果想要摄取高度负熵的信息，那就要多摄取结构化的知识，避免碎片化的知识。

知道了熵的概念，我们在防范熵增的同时，还应该特别注意在生活中、工作中不要让自己成为别人的熵。

防熵增，没有策略力犹如假药

公司每招聘一名管理人员或者提拔一名员工，就是希望他能解决一些问题。但是，部分管理人员在应聘时表现很好，工资要得也很高，可是进入公司后根本解决不了问题。我们招聘或提拔这种没有策略力的员工，就相当于花钱买了假药。假药就是熵，不仅让公司浪费了钱，更关键的是，还让公司失去了宝贵的机会。

公司是一个大机器，由各个系统组成。某个系统若由一个没有策略力的领导把持，他不仅会害了那个系统，解决不了那个系统的问题，而且他手下的员工也很难成长。这个系统进而又会害了整个公司的大系统，害了公司所有员工。

没有策略力的管理者把没有能力但是听话的员工称为小白兔。这些没有能力但是听话的员工，慢慢就会长成大白兔、老白兔。小白兔因为职位不高，公司损失的最多是一些钱和效率，而大白兔、老白兔因为在管理岗位上，他们的危害就十分大了。

评判管理者有没有策略力，关键要看他能不能解决问题。套用一句广告词：不看口号，看疗效！没有策略力的管理者是隐形熵，看起来没有违规、没有违纪、也很听话，但是他们制约着公司的发展，侵害着公司和所有员工的利益，危害巨大。

防熵，不仅要反明熵，更要反暗熵，要赶走这些白兔，引进有策略力的真正的人才。不要让白兔再侵占真正的人才应得的生存空间。

防熵增，人生最终要算总账

人的生命是有限的，对熵的控制能力决定了人生效率。我们可以浑浑噩噩，但是命运最终会对我们进行总盘点。

概括起来，人生就是一个做加减法的过程，其公式是：负熵－熵＝生命价值。

熵增定律是一个物理学定律，而在我看来，它也是一个哲学命题。如果我们知道时刻防熵增，就可以提升人生的效率，无论是在工作、学习中，还是在生活中，都可以对自己有很大帮助。

说它是哲学命题，是因为熵增现象无处不在。不过如果有了刻意练习，我们就可以随时给自己增加负熵，让自己在工作、生活、学习中都领先一步。

要防熵增，就要有识别熵的能力。我们可以对所接触的万物做一个简单的识别。

很多人休息时，习惯刷一会儿短视频，其实你要思考一下：你消耗的这段时间，如果是吸收了一些知识，就是负熵；如果是被娱乐八卦浪费了时间，就可以理解为熵增。如果你将很多时间用于吸收知识，那你的思想和眼界就会慢慢提升；如果看的都是垃圾信息，你就是在浪费生命。

工作也是同样的道理。你为企业创造的价值大于等于企业对你的付出，你对于企业就是负熵；你创造的价值小于企业对你的付出，你对于企业就是熵增。

对于企业还有一个思考维度。如果企业投资更少的钱也能采购到你所创造的价值，你对于企业也是熵增。所以提升职场竞争力，为企业创造更多的价值，是员工最好的防熵增行动。

企业能不能发展得好，关键就是看企业能不能有效防熵增。个人的人生能不能发展得好，同样要看自己能不能防熵增。

无论企业还是个人，不管你愿不愿意，命运都要和我们算总账！

成就员工篇

管理就是经营人

- 优秀管理者手下良将如云,差的管理者手下人才捉襟见肘。学会人才裂变,是对管理人员的基本要求。

- 未破局,因为没入局。躬身入局,要入下属的局,帮助下属解决问题;要入客户的局,站在客户的角度思考问题、解决问题。欲破局,必先入局。

- 领导者要明白,员工不是企业的挣钱机器,企业是员工的挣钱机器。我把企业比作大巴,领导者是司机,客户和员工都是乘客。大巴只有把乘客送到他们的目的地,才能赚到运输费。是乘客决定大巴的方向,而不是大巴决定乘客的方向。如果大巴违背了乘客的意愿,乘客就会弃车而去。

第 15 课
Lesson 15

人才裂变,管理者的使命

2020 年,莱绅通灵对企业文化再次升级,把"经营人"纳入公司价值观。

"经营人"的理念,包含对外和对内两个方面。对外的"经营人",是指经营客户,我们认为客户不是静态的,客户是不断成长的,经营外部客户,就是通过和客户建立关系,不断赋能客户,为客户提供源源不断的服务,提升销售。经营客户,重要的手段是客户裂变。物以类聚,人以群分。喜爱莱绅通灵的客户,他们身边一定还聚集着更多的我们的潜在客户。我们通过对现有客户的服务感动客户,通过互联网等方式,让客户分享我们的信息,通过老客户不断裂变出新客户。

对内的"经营人",就是经营公司的员工。

管理者最大的价值是培养员工

管理者的重要责任是经营好员工，不断裂变出新的人才。优秀管理者的手下良将如云，差的管理者手下人才捉襟见肘。学会促进人才裂变，是对管理人员的基本要求。

好的领导者，不仅能创造好的业绩，还能孵化和裂变出更多人才。缺乏人才，主要责任在管理者。

成长型组织也称为生物型组织，生物型组织认为员工不是固定不变的，而是不断成长的。在这样的组织里，员工不怕起步晚，就怕不进步。"小步迭代，不断进步"是生物型组织的典型特征。

在生物型组织中，好领导的责任不是指派员工去做什么，而是营造促进员工成长的环境。在这样的组织中，管理者重教练，轻命令；重激励，轻处罚；重反馈，轻批评；重选择人，轻改变人；重反求诸己，轻指责他人；重群策群力，轻个人决策。

将人才裂变纳入管理人员考核

21世纪最宝贵的是人才，能够推动人才裂变的人才更宝贵。所以，莱绅通灵在"人才五力模型"（简称五力模型）中会重点对"人才裂变力"进行评估，缺乏人才裂变力的管理人员未来将得不到晋升，甚至会被请出公司。

莱绅通灵的"五力模型"中包括公司最看重的五种能力（五力），即：使命力、破局力、人才裂变力、模型力、行动力。人才盘点是个筛子，不仅可以筛选人才，还可以衡量人才的含金量。

除了公司统一的年度人才盘点外，所有员工都要进行"五力"自评，上级要就员工的自评与员工进行讨论、沟通和反馈。

员工每月、每季度进行"五力模型"自评，有以下好处。

第一，员工可以适时知道自己的"五力"与同事相比所处的位置，有利于提醒员工关注这五个能力，纠正平时的行为。

第二，降低"五力模型"年度评估意见的不一致程度。公司级的人才盘点，只在每年年底进行一次，属于事后评估。如果上级能做到每月和每季度都与下属讨论其"五力"评估结果，有利于让下属知道上级对自己的期待，以便下属及时调整自己的状态，促进自身成长。

第三，由上级评估变为自己举证。上级评估必然会带来公正与否的问题，每个月、每个季度员工先行自我评估，写出理由，然后和上级讨论，有利于从不同角度对员工进行人才评价，让年度人才盘点更公平、更准确。

人才裂变，让公司、管理者、员工多赢

任正非、马云都说，华为、阿里巴巴的人才不是企业的核心竞争力，产生人才的机制才是核心竞争力。莱绅通灵把"经营人"纳入公司价值观，把"人才裂变"纳入对管理人员的考核，就是在构建公司的人才涌现机制。

明确"经营人"包括"经营员工",是企业对员工态度的根本改变。经营员工,是把每个员工当成潜在的人才来培养,帮助员工成长成了公司和上级的基本责任,在这样的环境里,有使命、有专业能力的员工必然快速成长为人才。

管理人员真心帮助员工成长,员工必然能感受得到,部门、专卖店的气氛会更融洽,更易于调动所有员工的积极性,有利于完成部门、专卖店的业绩,给上级管理人员进一步发展带来帮助。

在公司经营过程中,人才始终都是瓶颈。如果所有管理者都能经营员工,实现人才裂变,那么公司除了拥有良好的业绩,还可以拥有无数发展业务所需要的优秀人才。

但是,经营员工并不意味着什么样的员工都值得经营。管理者的精力十分有限,管理者需要把有限的资源用在更有潜力的员工身上。"经营员工,人才裂变",除了需要公司和管理人员投入精力外,更需要员工自己努力,证明自己是值得培养的潜在人才。

"经营员工,人才裂变",对大部分员工是福音,但对于业绩差、使命力不足、行动力不足的员工,或许会带来巨大挑战。现在,每个管理人员都要接受公司对他的"人才裂变率""人才贡献度"的考核,他们必然会加速淘汰没有潜力的员工。

管理者对人才的使用,一般是考虑当下适不适合,而"经营员工,人才裂变"观念的引入,则要求管理者对员工和公司的思考都基于未来的需求。

经营员工,在莱绅通灵,不是可选项,是必选项。

第 16 课
Lesson 16

人才五力模型让"识才"不再难

对人才的识别是企业管理的重点,也是最大的难点之一。不同的企业对人才的要求不同,不同的领导对人才的理解不同,而且企业在不同阶段对人才的要求也不同。对于同一个人,不同的企业和不同的上级给出的评价很可能完全不同。

人人都有"虚幻的优越感"

在美国有一项很有名的调查研究,调查的问题是:"你觉得你的驾驶技术是处于普通水平、低于普通水平,还是高于普通水平?"结果,有93%的人认为自己的驾驶水平高于普通水平。在学术界,美国某高校的学者们在评价自己的教学水平时,有68%的人相信自己的教学能力排在前25%。其实这类现象在生活中随处可见,人们在比较能力、努力、成就甚至健康程度的时候,都更倾向于把自己摆在高于平均值的位置。心理学家将这种现象称为"虚幻的优越感"。这就好像我们每个人在做事时,都会带着一句潜台词,那就是:我做得比大多数人都好,所以我应该得到更多的收入和更高的职位。

不但如此,与"夸大自我"不同,在这个实验中,人们在回答"自己为什么会把事情搞砸"的时候,更倾向于归咎于外部影响,像有烦人的声音、昨天晚上没睡好,或者团队成员不齐心协力等。总之,凡是跟没有达成目标有关的问题,人们都会本能地想把它归咎于外部影响。

当然,在评估人才时,上级能力不足,不能客观评价下属,甚至刻意打压下属的情况也时有发生。故,"千里马常有,而伯乐不常有"。

评估维度,不能多也不能太少

在人才评估维度选择方面,有两个流派。一个流派是外企和咨询公司,它们的评估维度偏复杂,对人才素质的考核维度比较多,对每个职级都有相应的评估维度。比如对管理者的素质要求有:战略能力、协作性、投入度、专业能力、进取心、执行力、诚信、责任感、创新能力、计划性、组织能力、控制力等，看似很全面，颗粒度很细，但实际运用起来很困难。一是，太复杂，难以操作；二是，如果按这样的要求去找人，估计市场上没有符合条件的人才。

另一个流派的方法则过于简单，比如通用电气和阿里巴巴运用的人才九宫格（见图16-1），从业绩和价值观两个维度对员工进行评估。由于评估维度太少，颗粒度太粗，难以发现员工的特质。

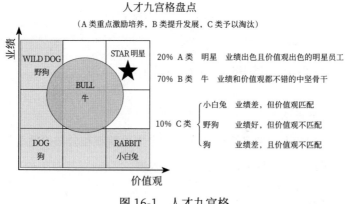

图 16-1　人才九宫格

在莱绅通灵，通过多年的管理实践，我总结出一套简单实用的人才评估方法——人才五力模型（见图16-2）。五力模型从使命力、破局力、人才裂变力、模型力、行动力这五力入手，对管理人员进行评估。因为普通员工不涉及管理下属，所以在对普通员工进行评估时，将"人才裂变力"改为"学习力/复盘力"。

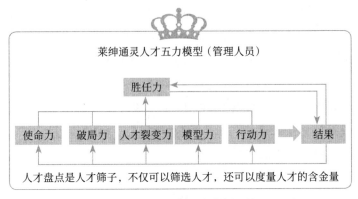

图 16-2　莱绅通灵人才五力模型（管理人员）

莱绅通灵的管理人员五力模型

使命力

使命力主要考察管理人员的个人价值观和公司价值观的匹配程度、工作主动性、工作投入度。

破局力

破局力主要考察管理人员的专业能力、实际解决问题能力和创新力。

人才裂变力

人才裂变力是考察管理人员对下属进行公司文化传播和培训的能力。莱绅通灵的愿景中有"成就员工"，人才裂变力是公司在对管理人员考核方面与其他公司不同的地方之一。

模型力

模型力是考察管理人员管理模型（系统）和构建模型的

能力（对普通员工则考核其遵循模型的能力）。

行动力

行动力考察管理人员的工作效率和执行力。

人才模型要体现公司文化

莱绅通灵对管理人员的五个评估维度，体现了公司的愿景、使命和价值观。

第一个素质使命力，对应的是公司文化中的"使命"和价值观中的"赋能""全力以赴"。

第二个素质破局力，对应的是公司文化价值观中的"破局力"和"赋能"。

第三个素质人才裂变力，对应的是公司愿景中的"成就员工"和价值观中的"经营人"。

第四个素质模型力，公司要想做大，必然要构建自己的组织能力，其中模型、流程、系统是必不可少的，并且需要持续优化。对管理人员的"模型力"的评估，让这项工作能够从源头上得到控制。

第五个素质行动力，是优秀管理人员的基本素质，对应的是莱绅通灵公司文化中的"赋能""全力以赴""高效"。

人才五力评估，对管理人员的能力进行动态追踪

上述五力模型中五个维度的用词是经过思考和设计的。词尾都是"力"字，"××力"会给评估者和被评估者一种有"刻度"的感觉。被评为"××力"高者会有很高的成

就感,被评为"××力"低者会有一定的压力感,激发他们不断追赶领先的同事。

一般企业会要求员工具备"策略力",而莱绅通灵在公司文化中用"破局力"代替,在五力模型中用的也是"破局力",一是便于考核,二是强调结果导向。破局还是没破局,一目了然,而有没有策略,则很难说得清。

用"人才裂变力"而不用"教练力",也是为了强调结果导向。一个管理者裂变出了几个人才,一数就知道了。

人才的能力不是恒定不变的,需要持续跟踪、动态评估。

莱绅通灵管理人员的五力模型,是公司评估管理人员的工具,可以用在招聘、晋升、人才盘点等多个方面。这个模型也是帮助管理人员实现自我成长的一个工具。有了这个人才评估框架,管理人员可以根据自己的平时表现和业绩结果,以及公司类似岗位上的管理人员的表现,给自己的五个维度打分。

公司有了明确的人才评估维度,并且每个月管理人员要自评,上级要反馈意见,每个季度和年度上级都会对管理人员进行正式评估,每个维度的评分要和同岗位的其他管理人员一起硬性排序,得分将影响管理人员的晋升和薪资变化,所以大部分管理人员都很在意自己的"五力"评分变化,很多员工会刻意练习,来提升自己的"人才指数"。

人才五力评估，统一企业和管理人员对自己的认识

五力模型中的五个维度，作用各不相同，并且有的是天生的能力，比较难提升，有的是后天的能力，比较容易提升。"使命力"和"行动力"，就属于天生的能力，比较难改变。"破局力"属于后天的能力，是专业能力和实际工作相结合的结果，通过加强学习，管理人员可以在一定程度上提升自己的"破局力"。人才裂变力和模型力，也属于后天的能力，管理人员只要努力就可以逐步提升这两个能力。

莱绅通灵管理人员的五力模型，就相当于管理人员的"人才指数"表。

人一般都有"自我放大"的心理，即夸大自身价值的倾向。企业根据自身的行业特点和发展阶段，为不同职级的员工设计相应的结构化的人才评估模板，明确具体的评估工具和评估标准，会在一定程度上消除各级员工对人才认识的偏差，既有利于上级发现下属的短板，有的放矢地帮助员工进行自我改进，也有利于员工认识差距，自我提升。

第 17 课
Lesson 17

比 KPI 更重要的,是人才价值评估

都说企业最大的资产是员工,可是如果没有一种合适的方式来评估员工的能力和胜任力,这块最大的资产的价值就是模糊的、不确定的。

如果不激励员工提升能力,企业的资产就会持续贬值。

如何评估员工的能力是每个企业都会遇到的难题。如果企业和员工对员工个体价值感知的差异比较大,就会产生各种矛盾,不利于员工工作和企业发展。

价值评估须抽象化

KPI 评估不能等同于员工能力评估。大部分企业只有

KPI 评估,而没有员工能力评估。KPI 评估是对员工过去业绩的评估,不能替代企业对员工能力的评估。KPI 是否达成,虽然和员工能力有极大的关联性,但是也和 KPI 制定的公平性及一致性、其他团队成员的协助、业务的季节性、行业发展阶段、国家政策、突发事件等多方面因素相关。

KPI 成绩可以在一定程度上反映员工的能力,但是 KPI 成绩受多方面因素影响,带有偶然性和不确定性,所以不能完全按 KPI 成绩来评估员工能力。

企业需要有专门的工具和方法来评估员工的能力。

要评估,就必须把员工的能力"抽象化"。

抽象时要找到事物背后的本质。抽象是从众多的事物中抽取出共同的、本质性的特征,而舍弃非本质性的特征的过程。

举个例子,企业里很多人都在工作,做着各种各样的事。如果对所有员工所做的事进行概括,可以将其抽象为"创造价值"。

每个企业有很多员工,每个员工从事着不同的工种,最小的企业各种工种加起来也会有几十个,大点的企业,工种甚至多达几千个。如果企业不能用一套抽象的概念来对员工价值进行评估,必然会出现盲人摸象这样的尴尬现象。

进行抽象,要求我们能从纷繁复杂的大千世界里看到事物的共同点。

经过长期的研究和管理实践,我对现代企业管理人员抽象出五个最基本的要求。它们是:使命力、破局力、模型力、人才裂变力、行动力。在莱绅通灵,这被称为"人才五力模型"。

为什么对所有管理人员都要进行"五力"评估，而不是"四力"评估或者"三力"评估？这是由管理人员需要具备最基本的"能力最小单位"决定的。就如一辆汽车的品质，至少需要从动力、外观、制动、舒适度等最基本的方面进行衡量，这几个方面缺一不可。

当然，针对不同的行业、不同的职级、不同的岗位，可以设计不同的评估维度。

在莱绅通灵，管理人员、普通员工和销售人员的"五力"评估内容是不同的。在"五力"评估排序中，同级别或者级别相近的员工会一起排序。

员工自我举证，让评估更客观

现在，有了"五力模型"这套评估系统，莱绅通灵对人才的评估就相对容易和客观了。

过去，公司进行人才评估，是由上级对下级进行评估。如果上级给出的评分比较高，下级会很开心，但如果上级给出的评分比较低，下级就会千方百计地"抵赖"，上级就被迫要证明自己所给出的评分是正确的。这样，能力评估就变成了上下级之间的博弈，既不利于开展工作，也不利于下级发现自身问题、提升自己。

发现这个问题后，我果断地对评估规则进行优化，改为由下级在规定时间内对自己的"人才五力"中的每个力进行"自我举证"。在评估周期开始时，每个员工的"五力"都归零，由员工自己在内部办公平台上公开"晾晒"自己给出的每个力的得分，并且要有具体事例证明。因为在公开平台上所有同事都可以看到员工的自我举证，所以员工不会也不敢说谎和夸大其词。

过去我们评价一个员工，一般的结果就是"好"或者"不好"。这种评估结果非常模糊，一方面，领导不知道员工好在哪儿、差在哪儿，而另一方面，员工自己也不知道自己好在哪儿、差在哪儿。

在莱绅通灵，我要求对所有管理人员都进行"五力"的单维度评估。公司对在单维度上表现优秀的人员都要进行通报表扬。为了防止因上级把关不严而出现大部分人都被评为"优秀"的情况，所有人的评估结果必须严格按271进行排序。

这种评估和排序每个季度都要进行，所有员工都要参与。这样，我们可以发现一些过去一直默默无闻的优秀员工。他们工作很努力，能力很强，但是不喜欢张扬，经常被领导忽视。根据能力对员工进行271排序，就会使这些无名英雄进入大家的视野。而另外一部分喜欢在领导面前表现、"公关能力"强的员工，如果他们在评估时拿不出"硬货"，也会被"打回原形"。

由于是由员工自我举证来给自己争取"五力"名次，而且上级对下属的能力评价是在所有员工的公开监督下进行的，所以上级会尽最大努力做出公正评估，否则难以服众。

绩效背后是能力

几乎所有的企业和管理人员都关注员工的业绩。

而业绩其实是"果",是滞后的,当业绩出现的时候,我们已经不能改变它了。带来业绩这个"果"的最大变量是员工的能力。员工的能力才是"因",只有"因"好了,才能带来好的"果"。

莱绅通灵有"关键行动官",他们最重要的工作之一就是,协助部门负责人对部门的所有员工进行"五力"评估。员工的收入高低取决于其 KPI 的达成情况,而员工的晋升或者薪级调整,则取决于其在"五力"上的表现。

五力模型不但是人才评估工具,还是人才发展的有效工具。每个季度的"五力"评估成绩,是对员工在企业文化、专业、管理、下属培养、行动敏捷等五个方面表现的最好、最直接的反馈。

上级和相关部门会对"五力"成绩低的员工进行有针对性的帮扶,协助他们提高能力。

好的 KPI 业绩往往会掩盖员工的能力短板,如果公司仅仅聚焦在员工 KPI 业绩的达成上,而不是聚焦在员工能力的提升上,久而久之,就会影响员工的发展。而通过"五力"评估,可以发现员工的能力短板,有针对性地帮助员工进行提升,从而确保其好的业绩表现具有可持续性。

最好的管理者,不是管理员工,而是给员工创造成功的条件。

五力模型不仅是评估员工能力的工具,更是帮助员工提升自己的利器。在工作中获得及时反馈,是员工能不断提升的前提。但是迫于种种原因,员工在很多时候得不到及时反馈,或者得到的反馈比较模糊,一般就是"好"或者"不好"、"胜任"或者"不胜任"。由于反馈模糊、不及时、不正式,员工也就没有办法准确评价自己的工作,没有办法有的放矢地纠偏、提高。

莱绅通灵的五力评估,可以让员工及时知道自己"五力"中的哪个力是长项,哪个力是短板,然后有针对性地学习和提升。

莱绅通灵教练部负责人钮婧仙讲过一个运用五力模型促进员工成长的故事。教练部之前新来了一位教练主管,他过去在世界500强企业工作。作为一名职业经理人,他过去的工作习惯是将工作和生活完全分开。来到莱绅通灵后,他还是按照过去的工作习惯,下班就走。在每个季度的"五力"评估中,虽然他的各方面工作都不错,可是"五力"中的使命力一直拿不到高分。钮婧仙把评估结果反馈给这位教练主管,帮助他及时认识到自己在哪些方面存在问题,他在后续工作中做了调整,工作有了很大改观。

五力模型前置,贯穿始终

员工在应聘时,由人力资源部门对其能力进行评估;入职后,再由用人部门负责人对其能力进行评估。人力资源部门和用人部门看待员工的视角往往是不同的,而且员工的自我评价和这两个部门对他的评价也会存在一定的差异。为了消除这些差异,我要求公司在员工的招聘、试用、转正三个环节都用五力模型对其进行评估。

在招聘时,招聘人员会先向应聘者介绍公司独有的"五力模型"和评估方法。只有当应聘者接受公司的五力模型和评估方法时,他才可以进入后面的环节。

处于试用期的新员工,也需要在规定的时间节点举证自己的"五力"表现。

新员工转正后,公司会对其"五力"进行持续的跟踪测评。在各个力上表现好的,会有相应的表彰和激励;表现不好的,上级会和他共同分析,找到改进方案。如果员工自己不愿意改进,或者没有能力改进,公司就会将其列入淘汰名单。

通过将"五力模型"运用于各个环节,公司就可以跟踪员工的成长轨迹,帮助员工持续成长。所有的评估都是在相对公平、公开的情况下进行的,即使有的员工因为确实达不到公司的要求而不得不离开公司,也基本都能对公司的做法表示理解。

我始终认为,绝大部分员工都是愿意成长的,有些员工之所以成长缓慢,往往是因为他们没有得到及时的反馈。虽然从表面上看"五力"评估有点"残酷",但实际上它是对员工极大的爱。

员工只有知道自己在团队中的位置,才可能及时调整自己,适应竞争,赢得竞争。

第 18 课
Lesson 18

精英小团队让组织更健康

2018 年,莱绅通灵开始推行赋能文化。时至今日,赋能已经成为公司员工的共识。在莱绅通灵的"精英小团队"计划中,每个精英小团队都是一个单独的赋能小组。在推进变革的过程中,我们意识到,很多员工虽然有赋能之心,但缺乏赋能之力,这就要求我们要帮助员工不断提升赋能力。

什么是精英小团队

莱绅通灵的精英小团队,由两到三人组成,最多不超过五人,五人以上就要拆分为两个团队。精英小团队是由精英成员组成的,它的成员要具备以下三个条件。

第一是思想精英化，这里所说的思想包括价值观、做事方法和思维方式。第二是专业能力精英化，这里所说的专业能力包括现有能力和学习能力。第三是业绩结果（赋能）精英化，结果导向是对职场人士最基本的要求，结果是一切工作的起点和终点。精英小团队的成员，需要有强烈的结果导向，出色的结果是他们的荣誉。

由精英构成的精英小团队，工作效率更高、赋能效果更好、给公司创造的价值也更大。团队成员成长更迅速，他们的收入也会更高。

精英小团队，赛出更多乔木型员工

采用人为分类法，我们可按茎的形态将常见的植物分为四大类：草本植物、藤类植物、灌木和乔木。

草本植物，体形一般都很矮小、寿命较短、茎干软弱。藤类植物，一般茎长而不能直立，能倚附他物向上攀升。灌木，是木本植物的一种，没有明显的主干、呈丛生状态、比较矮小，多年生。乔木，也是木本植物的一种，树身高大，由根部生出独立的主干，树干和树冠有明显区分，且主干直立，通常高达六米至数十米，多年生。

参照以上的人为分类法，我们将莱绅通灵的员工分为草本型员工、藤类型员工、灌木型员工和乔木型员工。

草本型员工，赋能力弱、专业知识差、工作能力一般、缺乏学习力，通常没有自己的愿景和使命。

灌木型员工，是行业或者专业里的老兵。他们长期从事零售或者珠宝行业，也是某个专业领域的行家，但他们是行家而非专家。他们在某个领域或者行业里工作时间比较久，仿佛什么都知道，但其实并没有掌握相关的核心知识，再加上进取心不够，没办法成为公司栋梁。

乔木型员工，有自己的愿景和使命，看问题有格局，做事有担当，也愿意学习，所以他们的成长空间很大，慢慢会成为公司栋梁。

能持续给公司带来价值的显然是乔木型员工。要想拥有更多的乔木型员工，一方面需要在公司内部寻找乔木型员工的苗子，重点培养；另一方面要在社会上寻找乔木型员工，把他们请进公司并委以重任。一个乔木型员工的价值，是草本和灌木型员工的数倍乃至数百倍。公司的资源是有限的，所以就要清除草本型员工，限制灌木型员工，腾出更多的空间让乔木型员工发展。

乔木型员工是在实际工作中通过赛马赛出来的，而不是通过相马相出来的。公司各部门实行的"精英小团队"计划，就是希望能"赛出"更多的乔木型员工和乔木型精英团队，并为他们提供更多的收入回报和晋升空间。

如何成长为乔木型员工呢？关键是要确立自己的愿景和使命，一个人在成长过程中难免会遇到挫折和困难，甚至委屈，如果没有自己的愿景和使命，很容易被困难吓倒，被短期利益诱惑。

灌木型员工没有成长为乔木型员工的最主要原因就是没有愿景和使命，或者格局低。有愿景和使命的员工，他们是从客户的角度看问题，是从未来的角度看问题。而灌木型员工则是从自身短期利益的角度看问题，没有远大的目标，虽然也能成活，但很难成才。

人以群分。我们说灌木时往往会说"灌木丛"，因为灌木型员工没有自己独立的主张，往往喜欢和有同样特点的人"抱团取暖"。而乔木型员工有自己独立的思考、判断和人格。莱绅通灵现在的政策是为乔木型员工创造成长的空间，限制灌木型员工的生长，逐步清除草本型员工。

警惕被藤类植物"绞杀"

藤类植物不能直立，只能依附在别的植物或支撑物（如树、墙等）上，是通过缠绕或攀缘获得生长的植物。若没有支撑物可以依附，它们也可能长成灌木。

藤类植物为了和木本植物争夺阳光、营养，会缠绕木本植物，如果不把它们清除，木本植物最终会被它们绞杀致死。在热带雨林中，这种"绞杀"现象十分常见。大型藤类植物会缠绕在高大的乔木之上，依靠乔木的支撑攀爬到雨林高处，争夺阳光，逐渐长大，最终将乔木缠死。

在企业里，我们周围也有一些"藤类植物"。虽然他们把自己伪装成"乔木"，但本质上却是"藤类植物"，他们或工作不主动，或缺乏独立思考，或专业能力、学习能力不足，或实际赋能价值有限，并且喜欢拉帮结派，当别人努力工作时，他们却在一旁说风凉话，用"藤类植物"的恶习影响和腐化其他员工。这样一来，一些本来是乔木型员工苗子的潜在人才，很可能被缠绕、绞杀。

企业发展需要轻装上阵。除了要"拔草本、限灌木",还要警惕有掩饰性和潜在威胁的"藤类植物",这样才能将更多的资源和机会留给"乔木",为乔木型员工创造更好的生存和发展空间。同样,我们在组建精英小团队时也要剥离依附性强的"藤类植物",远离"藤类植物"带来的熵,打造更轻盈、更精干、更有战斗力的精英小团队。

第 19 课
Lesson 19

好上级都是躬身入局者

公司曾"劝退"一名战区负责人,他参与过公司的品牌升级、文化变革,属于公司变革的核心成员之一。与他共事期间,能感觉到他与同级别管理者相比有很多优势。他曾在大公司就职,职场经验丰富,管理知识应知尽知;他毕业于名牌大学理工科,理性思维能力很强,公司推出的新举措、新政策他都能理解,并且可以举一反三,个人的学习能力也很强。

因为他的各方面能力都很强,所以我把他选为公司变革的核心成员,公司内部所有的重要培训、会议都请他参加,一些名额极为有限的外部高端培训,我也会安排他和我一同参加。

可就是这样一位在各方面都很优秀的员工，实际的工作绩效却非常不理想，人才盘点时的排名甚至垫底。我相信，每个企业都有这种各方面都很优秀，可就是做不出业绩的员工。他们身上到底缺少什么呢？

成事者须具备躬身入局、挺膺（胸）负责的精神

曾国藩曾说："天下事，在局外呐喊议论，总是无益，必须躬身入局，挺膺（胸）负责，乃有成事之可冀。"

2020年，罗振宇在跨年演讲时讲了一个故事。

在一条很窄的田埂上，两个挑着很沉的担子的农夫相遇了。

他们谁也不愿意让路，因为路太窄了。谁先让，谁就得从田埂上下去，站到水田里，沾一脚泥。

附近站了好多看热闹的人。有的说："小伙子应该让老大爷。"有的说："担子重的应该让担子轻的。"可是这两个人谁也不理，就这么大眼瞪小眼地站着。事情似乎陷入了僵局。

过了一会，又走来一个人。他什么也没说，推开看热闹的人，赤脚走到田埂边，朝着长者说："来来来，我下到田里，你把担子交给我，我替你挑会儿，你这一侧身，不就过去了吗？"

看，一件貌似无解的事就这么解决了。

有时候，只要身份稍微转换一下，从一个旁观者变成一个置身其中的人，事情就会有转机。

曾国藩称这种人为"躬身入局的人",我们则称这种人为"做事的人"。

"做事的人"不是在解决想象中的一个个问题,而是在回应真实世界中的一个个挑战。

躬身入局,既要入客户的局,也要入下属的局

那位被公司"劝退"的战区负责人,具备了一名优秀领导者的很多外在条件,但唯独缺乏"躬身入局、挺膺负责"的精神。

我在询问管理人员一些店铺和部门问题的时候,一般可以得到两类回答。一类回答是"我们正在如何如何解决问题"。这样回答的管理人员是自己入"局"、主动跳进水田里的"躬身"者。另一类回答是"我需要去问问下属"。这样回答的管理人员,他的工作就是"安排一下"。

躬身入局,第一要入客户的局。

公司里的每个岗位都有自己的内部客户,每个人的工作都不应以上级领导为中心,而要以客户为中心,为客户赋能。为客户赋能,就要站在客户的立场思考,站在客户的立场开展工作,要"躬身"入客户的"局"。

躬身入局,第二要入下属的局。

作为上级,不能只是工作任务的布置者,他要和员工一起探讨达成目标的路径,越是困难的工作,越是要给员工指导和建议。如果上级只是把公司的任务简单地转给下属,他就没有承担起自己应承担的职责,就无法得到下属和客户的

尊重。

管理人员的绩效和满意度差,多是因为不"躬身"、不"入局"。

躬身入局者的可贵之处在于,他不是只深入自己的业务或者自己下属的业务,他对于不在自己职责范围内的事务也能积极发挥自己的影响力,也能提供好的建议和方法来解决问题。不论承担什么角色,躬身入局者在行动时总是把自己当作主人。

躬身入局、挺膺负责,是对管理者"行动力"的要求。真正的行动是深入业务场景,和客户、下属在一起,共同解决问题,共同克服困难,共同面对挑战,共同承担责任。败则拼死相救,胜则举杯同庆。

公司首届"阿甘奖"获得者的身上,都有"躬身"和"入局"的品质,都有挺膺负责的精神。那些绩效和满意度经常垫底的员工,他们的专业水平或许并不差,表面上也做了不少工作,但他们缺的就是躬身入局的品质和挺膺负责的精神。

第 20 课
Lesson 20

我把同事变同学，长期陪伴，深度影响

　　前段时间，我应邀参加一个商业论坛，其中一个环节是几位企业家在台上进行商业对话。主办方提前把我们几个要进行对话的企业家拉到一个群里进行讨论，我发现其中的一位企业家居然是我十多年前的商学院同学。因为我们有一年多的同学关系，所以无论是在台上对话还是在私下交流时，我们都更默契，更愿意交流。

　　同学，是一种超越同事的非常亲近的关系。

跨部门、跨职级长期陪伴

从2017年开始,莱绅通灵开展了一系列变革,包括品牌战略升级、文化变革、组织结构变革、员工分配制度变革等。

我们都知道企业变革十分艰难。在莱绅通灵的变革过程中,主要的困难是:第一,管理人员不明白公司为什么要变革;第二,变革会让很多员工走出舒适区,很多员工不愿意变革;第三,公司品牌战略升级,对员工的要求提高了,很多员工无法满足变革后公司对员工的要求。

虽然变革对员工来说很困难,但是,大部分员工都愿意和公司一起成长,因为他们知道公司变革和员工自我成长是必然趋势。

在变革过程中,我和多位核心管理者一同出去培训,还陆续请一些外部专家到公司给中高层干部做集体培训,都取得了很好的效果,提升了他们的能力,拓展了他们的视野。

外部培训虽然帮助部分管理人员提升了能力,但是参加培训的管理人员毕竟有限,时间也很紧凑,他们学完后便匆匆赶回各自所在的城市。不同主题的培训,参加的学员不同,培训后学员之间的交流也比较少,学员回到自己原来的环境,很容易又按原来的方式开展工作,不容易固化学习成果。另外,外部老师对公司的了解有限,课程的针对性也不足。

面对这些问题,我在思考,有没有可能我自己在公司开"私塾班",讲授一些哲学、公司战略、领导力提升、组织管理等方面的课程。

说干就干。我把私塾班命名为"东塾堂",授课地点就在我家里,课程为期两年,每两个月上一次课,每次课上两天。人力资源部门发布了东塾堂的招生信息后,公司里很快就有几十名管理人员报名。为了保证课程的品质和学员之间的充分沟通,我采用了小班制,每个班只招20名学员。

东塾堂第一期开学后,更多的各级管理人员纷纷要求报名参加学习,我和人力资源部门讨论后,又陆续开了三期。现在一共有四个班,共80名学员,公司还配备了专门的课程主任和副主任。

每次的课程,第一天由我来授课,第二天由学员根据授课内容结合工作和生活进行分组讨论。由班长和成绩好的同学,对那些暂时还不能理解的同学进行辅导。

东塾堂的学员包括各部门、各层级的同事(见图20-1)。一个班里,既有高层、中层管理人员,也有一线的店经理;既有市场营销经理,也有人力资源部经理,还有IT管理人员或者负责供应链的同事;既有为公司服务近20年的资深老员工,也有刚刚入职的新人。

我想要的就是这样的"大杂烩"。

东塾堂这样的"大杂烩",汇聚了不同部门、层级的员工代表,他们平时很难有这么长的时间待在一起。在东塾堂学习期间,他们可以充分沟通,相互了解不同部门、不同层级的思考方式和工作方式背后的逻辑。

最重要的是,他们在班里的讨论是"同学"间的讨论,没有利害关系,没有等级差别,可以畅所欲言。他们可以根据在课堂上学习到的知识，对实际工作进行讨论。通过讨论，基层员工更清楚高层的战略意图，高层也更清楚基层员工的工作难点和竞争的不易。

图 20-1　东塾堂学员构成

我自己在课堂上，也能收集到很多的一线情况，让公司未来的战略制定更有针对性，能更好地为一线赋能。

课程聚焦"底层逻辑"

缺乏博雅教育是中国高等教育的一个痛点。很多人虽然是大学毕业，但是在大学接受的博雅教育并不多，学校教得更多的是专业技能。然而，随着社会和科技的快速发展，很多专业知识在他们大学毕业时就已经过时了。

公司的大部分管理人员没有学过甚至完全没有接触过西方哲学思维的"底层逻辑"，所以在平时工作和生活中的思考缺乏理性，往往都停留在"现象层面"，难免人云亦云。

每期东塾堂的第一课都是"古希腊哲学概论"。在很多人看来，哲学是很务虚的东西，是一种"没有用的知识"。实际上，哲学是世界观的底层逻辑，是指导人做事情的"底层逻辑"。

每次往底层探索，都是一次认识升级。给员工讲授哲学知识、科学知识，可以打通底层逻辑。打通后，学员就不再支离破碎地、简单地执行上级的指令，而是会进行系统性的思考。

在这几年的变革中，公司不断引进进化型组织管理模式。对于引进进化型组织管理模式的必要性，我也设计了专门的课程。

他们是员工，更是"人"

每期东塾堂的第一堂课，我都会安排每名学员分享自己在公司的工作和成长经历。

我每次都非常认真地听每名学员在公司的成长故事，感受他们在公司的喜怒哀乐。随着公司规模的不断变大，我和员工之间的距离越来越远，当我听到他们在公司的很多工作故事和内心想法时，越发感受到自己责任之重大。

每个员工选择在一家公司工作，就是把自己的生命和未来都投资到了这家公司，公司如果不能给予他们合理的回报，就是在"谋财害命"。

公司所给予的回报，不仅应该包括员工应得的薪资，还应该包括学习成长和快乐的工作体验。

曾几何时，我们都习惯用"员工"这样的词来指代所有工作人员。可是每当我听到东塾堂学员介绍自己在公司里如何克服困难、努力工作、努力学习，如何为公司创造价值时，我就会批判自己，他们既是员工，也是一个个活生生的人。员工是冷冰冰的挣钱机器，而人是鲜活的生命，他们有情感，可以成长，他们就是我们的兄弟姐妹。

公司开会时，有时会介绍一些老员工，很多老员工入职10多年了（见图20-2），其中很多人都是我面试的。他们入职时才二十三四岁，现在已经华发不再青。如果公司能给他们提供更多的培训，给他们提供更多的成长机会，他们一定可以获得更多的成长。

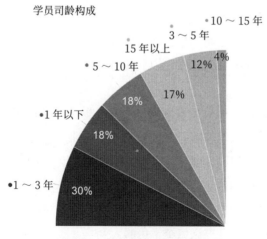

图 20-2　东塾堂学员司龄构成

和一般的企业培训相比，东塾堂的培训没有那么急功近利，课堂上很少会学习如何使用管理和营销工具，更多的是学习如何提升认知能力。

在两年的学习过程中，还会有游学、外部专家讲座等各种活动，丰富学员的体验和知识面。

有位企业家朋友问我，你作为CEO，花那么多精力在员工身上，是否值得？

我给他讲了一个故事。有一次我和公司几十名中高层管理者开会，会上我引用了丹尼尔·卡尼曼在《思考，快与慢》一书中的一个观点，随后我问参会的人，有谁读过这本书，居然没有人读过。

一种恐惧感立即笼罩着我，我当时的心情很难形容。这是一本畅销的行为经济学的书，有一定的应用价值，可是居然没有一个人看过，甚至没有人听说过。

可是我又想，这样的情况一定不仅仅发生在莱绅通灵，我相信大部分公司都是这样。如果我们开展学习，让我们的管理人员都能掌握这些知识，我们不就能在行业里领先别人一大步吗？

我们的管理人员虽然没有读过这些书，可是他们有着丰富的工作和生活经验，只要有恰当的培训，很快就可以理解和掌握这些知识，就可以举一反三将其运用在工作中。

与其临渊羡鱼，不如退而结网。

只要东塾堂给每个学员打开一扇小小的知识之窗，相信知识的风暴就会充满每个学员的人生。

通过几期的学习，学员已经可以明白管理中的机械论和进化论，一些学员甚至可以开发出自己的管理模型。

"逻辑先行""必然的导出""演绎法""归纳法"等在课堂上讨论过的概念，已经悄然植入员工的现实工作。

在这个不确定的时代，给员工一点点对未来的笃定、对未来的自信，这就是东塾堂的目标之一。

第 21 课
Lesson 21

游戏化，领导者的新装备

一些人可以连续玩十几个小时游戏，而不愿意投入哪怕一点点精力去工作和学习。玩游戏是一种既消耗时间又消耗金钱的"体力活"，可很多人还是乐此不疲。作为管理者，有没有可能把工作和学习游戏化，把游戏的一些特点移植到工作中，让员工快乐地工作，快乐地学习？

一项不可能完成的任务

2019 年，我决定在莱绅通灵开展管理金句学习大赛，让公司的几千名员工，学习并背诵我整理的对公司管理有很大帮助的管理金句。这些金句言简意赅，或说明一个管理道理，或介绍一个方法论，或阐述一个价值观。大部分金句既适合运用于工作中，也适合运用于生活中。比如：

1. 每天都做容易的事，我们的事会越做越难；每天都做难一点的事，我们的事会越做越容易。

2. 99%的人做事止步于"没做错"，只有1%的人会坚持"做对"。能够"做对"，而不是"没做错"，需要智力，更需要能力。从"没做错"迈向"做对"，你的人生将不再平凡。

按行为经济学家丹尼尔·卡尼曼的理论，人类的思维系统分为系统1和系统2。系统1是类似于本能的动物性思维系统，是快思考。系统2是基于逻辑分析的理性思维系统，是慢思考。人们在绝大部分时间里是用系统1进行快思考，只在不到1%的时间里才会调用系统2进行理性思考，即"慢思考"。

员工平时的学习，如果不进行反复训练，就不能把知识储存进系统1。知识不能储存进系统1，大脑就不会调用它们，这些知识虽然学习过了，但是对员工并不会有实际的帮助。

这就是为什么英语要练而不是学，开车也需要练，我们平常说话、开车时，大脑都是凭系统1在下意识地工作。

这些管理金句如果仅仅是让员工"观光游览"一样地学习一遍，结果一定是完全无效的。我设想的是让员工像背乘法口诀一样背会，让这些金句能深深地刻在员工的头脑中，能在生活和工作中随时被调用，随时为自己赋能。

要完成这样的任务，难度非常大。全公司有几千人，大部分是店铺销售人员，他们学历不高，而且其中很多人本身就不太爱学习。当时我在犹豫，普通销售人员是不是就不用背了？

思考再三，我决定他们一定要学，而且要求不能放低。原因有四个。第一，他们现在虽然是普通销售人员，但是他们如果掌握了这些管理知识，未来就可以晋升到管理岗位，哪怕不晋升，也会更容易明白公司的管理意图，对工作会有帮助。第二，大部分金句的内容对生活也有很大的帮助，他们通过学习，可以把这些知识运用在平时的子女教育和生活中去。第三，作为奢侈品销售人员，其所接待的顾客素质比较高，通过学习可以增强和顾客沟通的能力。第四，最重要的是，我希望他们能通过学习提高自身修养，能从容迎接不确定的未来。

要完成这件看似不可能完成的任务，一定不能用常规做法。我和人力资源部门说，第一，必须做，这关系到公司的愿景和使命；第二，不能用传统方法，要用游戏化思维来促进员工学习。

人力资源部门安排了刚参加工作不久的95后徐铭瑞来牵头做这项工作。徐铭瑞接到工作任务后，立即研究了办公App钉钉里的"叮当答题"系统，然后联系钉钉的开发人员，提出我们的需求，请他们根据我们的需求做些补充开发。

游戏化让学习变成全员狂欢

既然要通过游戏来学习,就要先确定游戏开发逻辑。

徐铭瑞的金句学习游戏开发逻辑是:把答对金句题目变成通关考试游戏,清晰的通关路径＋恰到好处的困难＋及时反馈＝掌控感→让人上瘾的学习游戏。

1. 清晰的通关路径:有了清晰的游戏学习目标,就可以消除员工在游戏学习时的迷茫感和焦虑感,清晰地让人知道需要做什么、怎样做、做到后有什么结果、结果怎样积累为成就。员工只要根据规则操作,就必然会达到期望的目标。

清晰的"通关路径"包括以下三点。

(1)游戏规则清晰:确定清晰的得分规则、获胜规则,为实现目标做出指引。

在叮当答题系统中,每通过一关,获得20分通关奖励;每进行一次PK,需投入50分作为入场筹码,获胜则筹码翻倍,失败则扣除筹码。所以,当我们已知榜首(TOP1)的总积分为3500分时,若玩家甲的积分为3000分,则甲PK获胜超过10场或进行25场以上的闯关,即可超过原来的TOP1,成为新的TOP1。

(2)短时目标:员工每朝"终极目标""迈进一步",即可获得相应的具体量化结果作为反馈。当然,终极目标也只是暂时的"终极"。现在的大部分游戏,给出的只是较长时段的阶段性目标,如赛季TOP等,这样可以让游戏不断升级,同时又有阶段性的成就感。

最终 TOP 的产生，是由小关卡通关积分来决定的，而每个小关卡的通过往往只需要 1 分钟，这样的设置不会让员工觉得游戏困难和漫长。

（3）奖励与称号：及时为员工取得的成绩摇旗呐喊，给足成就感。

叮当答题每一赛季结束后，TOP 个人与团队都会得到奖励，并且 TOP 头衔会出现在该个人、团队在下一赛季的玩家昵称上。

2. 恰到好处的困难：踮踮脚才能克服的困难，让人有兴趣和勇气去挑战，从而有一种征服感，产生内在激励，激发人的潜能，让人想要重复体验。

3. 及时反馈：视觉化、数据化的及时反馈可以发挥及时奖励的作用，增强人们的"可控感"，产生心理上的安抚效应。

（1）视觉化：当我们按电梯关闭按钮时，按下的那一瞬间，有凹进去的触感，同时最好有代表"点击成功"的亮光亮起。这种反馈让人得到了"动作已产生作用"的可控感，从而缓解了等待电梯门闭合的焦躁情绪。学习与工作，之所以让人感到疲惫，就是因为人们无法即时感知到"动作已发挥作用"，没有得到即时的抚慰。

传统的学习，分为学习和考试两个阶段，在学习过程中无法检验自己的学习成果，且学习和考试之间有一定的时间间隔，漫长的"动作"积累，得到的反馈只有一场考试的成绩，显然"动作"与"激励"不成正比。

而在叮当答题中，每个按键在按下时是有视觉效果的，答完一轮后的分数变化、排名变化也会实时显示，及时地起到激励作用。同时，公司会每周发布实时排名榜单，对TOP选手进行表彰。

（2）数据化：以数据的形式，及时提示"目标进度"，增强可控感，激发人的潜能。

数据化的反馈可以让人更直观地看到自己与目标之间的距离，让员工知道，做什么动作，做成几次，可以再攀升一级以达成目标。在叮当答题界面中，可以实时看到自己的分数变化，可以看到自己的排名、与上一名的分数差。这时，原本想要停止学习的人，因为知道自己与目标之间差距并不大，往往会再坚持一下，以求突破，这就激发了人的潜能。

为了增强学习竞赛的趣味性和挑战性，在游戏中系统会不断提高答题难度和缩短答题时间。为了让更多的人学习金句，徐铭瑞和同事还开发出了金句游戏团队赛，各部门的每个人都被"裹挟"进来，每天上下班时、睡觉前、起床后都在学金句、背金句，有的人还把文字稿输入手机，用音频来听，以加深印象。

因为这些金句对生活也有帮助，很多员工就发动爱人孩子一起学，一起背。有个员工对我说，他的很多同学家里都是一家刷抖音，而他家里是一家学管理知识。

因为员工像背乘法口诀一样背这些金句，这些金句也就自然而然地被运用在他们的工作和生活中了，经过一段时间的学习，大部分员工的绩效得到了提升。很多员工在分享时说，他们运用这些金句教育孩子，孩子的学习成绩在班里的排名明显提高，家庭关系更和睦了；和朋友交流时"高级词汇"经常会不自觉地蹦出来,看问题更接近本质,他们在小伙伴心目中的地位明显提高了。

在反复竞赛的过程中,员工不知不觉地把300句管理金句背得滚瓜烂熟,虽然在使用这些金句时还做不到得心应手,但是这些金句已经慢慢融入他们的心智,潜移默化地改变了他们的行为。

为了进一步扩大金句学习的影响力,展现优秀学员的风采,莱绅通灵将金句学习的游戏再度升级为"脱口秀大赛"。通过线上演讲的形式进行海选、复选,最终诞生6位决赛选手,在季度颁奖现场,进行决赛并直播,让更多人看到金句学习的魅力所在。

不愿工作是因为缺乏游戏感

在工业化社会,工作被切割成无数碎片,每个人的工作都是整体工作的一小部分,员工看不到完整的工作,普遍感受不到工作的意义,工作时很难有成就感。

作为管理者,重要的工作就是要让员工在工作中产生成就感,让工作变成快乐的事。

原本学习金句是件痛苦的事,可是当学习金句被设计成游戏后,员工不仅不讨厌学习,还主动去学习。经常有员工在半夜起来上厕所时打开手机发现分数被别人超越了,于是赶紧开始答题。为了不影响员工休息,公司强行把晚上的答题截止时间设定为12点。

在莱绅通灵,我已经把工作游戏化和学习游戏化植入了很多环节。

人们之所以玩游戏会上瘾,是因为游戏和其他娱乐方式有着诸多根本区别。在我看来,游戏的最大吸引力来自以下四点:第一,互动性;第二,及时反馈和激励;第三,结果的不确定性;第四,荣誉感。

当我们理解了游戏让人上瘾的原理后,就可以在工作中,把工作设计得"游戏化"。

在莱绅通灵有很多"共识营",比如品牌共识营、商品供应链共识营、价值观共识营、公司战略共识营,这些共识营的成员来自不同的部门和层级。在共识营里,成员会分成很多小组,各小组对同一个问题进行讨论,然后每个小组发表自己的看法,相互PK,在PK的过程中,筛选出最佳方案。整个过程类似于MBA课堂上的案例分析,员工之间、员工和上级之间、各部门之间充分互动,既能让最好的创意呈现出来,也能让上级全面了解员工的想法和可能遇到的困难。

每次共识营都要评出优胜小组,并进行表彰。整个过程,既是工作,也是游戏,不仅激发了员工的创意,而且消除了工作带来的疲惫感和压力。

游戏最吸引人之处是及时反馈和及时激励。为什么很多人发抖音、发朋友圈会上瘾?就是因为有人会给他们点赞,如果没有点赞功能,一定没有那么多人玩。点赞和转发就是及时反馈和及时激励。

所以,在莱绅通灵,我要求管理人员必须关注员工行为的好和不好,并且要及时进行反馈。

公司几乎会对所有工作、所有人员都进行271排序。在我看来，271排序本质上就是一种游戏化的工作方式。271的结果就是一种反馈，进入前20%是一种"奖励"，进入后10%是一种"惩罚"。成绩即刻公布，也有一种无形的"仪式感"。

进入前20%的员工会希望继续保持，进入后10%的员工会有一定压力，会奋力向前迈进。排名在中间70%的员工的心理更微妙，既想进入前20%，又怕掉入后10%。

因为结果不确定，游戏化让工作变得有意思。在莱绅通灵，游戏化激发了员工的斗志，挖掘了员工的潜能，让无数不可能变成了现实。

游戏化管理的重点

如果除去睡觉，一名员工在企业里的时间甚至超过在家里的时间，如何让员工快乐地工作，是领导者必须思考的问题。

工作游戏化能提升员工的快乐指数，挖掘员工的潜力，这是不争的事实。

我是工作游戏化的倡导者和实践者，在长期的工作游戏化实践中，我总结出了自己的一些经验。

工作游戏化的过程，要由浅入深，先易后难。放低游戏门槛，在易于举办竞赛的工作上先开展起来。刚开始的时候，竞赛的激励可以小一些，所谓"小赌大开心"。

要让愿意玩的人先玩起来。先让少部分乐意参与的人参与进来，然后滚雪球，把更多的人吸引进来。企业里任何一项变革都会遇到三种人：支持者、观望者、反对者。游戏化管理要重点抓住支持者，推动观望者，影响反对者。当反对者看到支持者和观望者已经参与进来并且尝到游戏带来的好处后，反对者也就愿意参与游戏了。游戏的内容可以先易后难，游戏的参与主体可以先个人后团体。

游戏的最大特点是及时反馈、及时激励，所以在工作游戏化设计中，一定要缩短反馈周期，让员工时时能知晓自己在团队中的位置，让员工始终有兴奋感和紧张感。

在游戏设计中，要多设计上下级的互动和平行部门的互动，在互动中大家相互影响、相互监督、相互促进、相互理解，使工作逐步完善。

奖励要有仪式感。员工参与游戏的目的是希望得到奖励。奖励分为物质奖励和精神奖励。虽然物质奖励很重要，但是我们千万不要忽略了精神奖励。有人发一条朋友圈，很多人点赞，虽然没人给钱，他也一定很高兴。奖励要公开化、视觉化、仪式化，让尽可能多的人知晓。正式公布比赛成绩，对优胜者本身就是一种精神奖励。

成功地进行工作游戏化，离不开文化的土壤。企业开展游戏化工作，需要统一员工的认识，让员工明白工作游戏化的目的是让员工快乐工作，挑战自己，挖掘自己的潜能。我们要通过提升员工的工作能力和工作意愿，来提升整个企业的竞争力。通过工作游戏化，最终受益的不仅是企业，员工也会受益，而且员工是最大的受益者。当员工明白了工作游戏化的初心，就不会有太多的抵触情绪了。

企业要尽量把游戏设计得公平合理，但是在现实中不可能有绝对的公平，领导者要引导游戏参与者把注意力聚焦在成绩的变化和提升自己的能力上，而不是聚焦在规则是否公平上。

游戏化管理和传统管理还有一个显著区别，传统管理是由上级来评价员工表现得好不好，而游戏化管理是员工自己举证自己做得好不好。

领导者需要补上"游戏课"

游戏是利用人类"争先恐后"的心理开展的一项活动。争先恐后是大多数人天生就有的一种心理。在人类还是原始人的时候，人如果不去"争先"，就有可能被饿死，如果不"恐后"，就会成为猛兽的食物。

游戏思维就是把人天生的争先恐后心理抽象化、压缩化、显性化、夸张化。

游戏思维不仅可以用在管理上、学习上，还可以用在市场营销、客户关系管理、产品开发等几乎所有方面。

有人问我，工作游戏化会不会让员工的工作压力太大？我说，工作游戏化恰恰能减轻员工的工作压力，他们在玩中完成工作，在玩中获得成长。

在莱绅通灵大力推行工作游戏化的这两年时间里，优秀管理人员和员工几乎没有离职的。

在没有推行工作游戏化时，工作是员工的任务，当工作中有了游戏化元素，工作就变成了乐趣。原来是企业要员工工作，现在是员工自己要工作。

当我们的员工通过游戏化学习，提高了认知水平，拓展了认知边界时，他们会觉得学习时的那些辛苦都是值得的。当他们发现自己的能力在提升，知识在增长，自己在小伙伴心中的影响力在变大时，他们就更愿意学习了。

工作对普通员工来说是挣钱的工具，可是对于像马云、埃隆·马斯克这样的商业精英来说，或许就是一场游戏。

在当今社会，游戏化已经无处不在，管理者提升"游戏化领导力"刻不容缓。

就拿莱绅通灵全员学习金句这项工作来说，所有行政员工（除专卖店员工）满分冲关完成率是97%，人均完成头脑王者（无限关卡）次数1441.91次；专卖店员工满分冲关完成率是82%，人均完成头脑王者（无限关卡）次数276.11次。

除了通过游戏思维来学习，我不知道还有什么管理手段可以取得这么好的成绩。

而组织相关工作并取得这个成绩的仅仅是一名大学毕业没多久、没什么管理经验的95后员工。

管理游戏，既可以是个人游戏，也可以是团队游戏。个人游戏能激发个人的好胜心，团队游戏能激发团队成员的荣誉感、责任感。莱绅通灵金句学习之所以受欢迎，也是因为有团队赛，而且每个团队里面又有更小的团队在竞赛，形成了游戏生态，大家你追我赶推动团队前进。

在实行游戏化管理时，普通领导者要带领团队积极参与游戏，玩好游戏，激发个人、团队的斗志和潜能；高级管理人员要会开发游戏、设计游戏规则、构建游戏生态。

领导者用好游戏思维，就是利用人性进行管理。

第 22 课
Lesson 22

提升领导力的四项修炼

> 真正的领导力能将个人的视野提高到更高的境界,将个人的绩效提高到更高的水平,将个人品格培育到超越其平常的局限。㊀
>
> ——德鲁克

莱绅通灵的供应链部门,过去几年一直比较混乱,换了几个总监都没有改观。2020年上半年,我让入职才一年半就把后勤部带好的李健来兼管供应链部门。不到两个月,供应链部门就出现很大改观,客户满意度、核心KPI持续提升。

在李健接管后勤部之前,后勤部也是老大难部门。他到任以后,部门很快改观,不到一年时间,后勤部居然成了公司最优秀的部门之一。

㊀ 彼得·德鲁克.管理(原书修订版)[M].辛弘,译.北京:机械工业出版社,2020.

这位连续扭转两个部门局面的领导者在进入公司时还有两个小插曲。李健在面试时，因为性格内向，并且着装谈吐缺乏"王室品位"，差点被我错过。试用期间，我在几次会议上留意观察他，因为他没有什么"精彩表现"，险些没让他转正。

就是这样一位不善于表现的部门负责人，很快把两个KPI和满意度一直垫底的部门带领至优秀部门行列。

类似情况在公司其他部门也时有发生，公司的直营标杆战区、加盟标杆战区、教练部，都是在选了一个适合的领导后，整个部门就焕发出极大的活力。

公司教练部负责人钮婧仙，她性格外向，一路从公司最基层的客户顾问做到店经理，再从店经理做到区域总监，现在是公司教练部负责人。过去这个岗位招聘过一些大企业（包括世界500强企业）的培训管理人员，但是他们都没有领导好这个部门。

这些事情促使我思考，一名管理人员的领导力到底是由什么构成的。我开始观察更多的成功管理者，研究他们是如何修炼出成功领导力的。

卓越领导力需要结构化行为

回想我学过的领导力课程和看过的领导力方面的书，大部分是介绍一些具体的领导方法，比如如何谈话，如何激励员工，如何提升自己的影响力等，这些虽然都有利于领导力的提升，不过我认为它们都是战术性的，而不是战略性的。

就如一栋房屋好不好,它的瓦和砖头确实很重要,但是它的结构更重要。房屋的结构决定了房屋的基本框架,如果结构出了问题,所有装饰都没有用。

作为一名企业管理者,我在思考提升领导力是不是也可以从结构上设计一系列简单的步骤,从而"傻瓜化"地培养管理者的领导力。

通过长期观察研究和自己从事领导工作的体验,我总结出领导力提升的四项关键修炼:第一,领导自己;第二,使命探寻;第三,成为导师;第四,及时反馈。

第一项修炼:领导自己

领导者,首先要领导好自己。

几乎所有人都想当然地认为,领导者一定是领导别人的。其实,领导者领导的第一个对象就是自己。

领导和管理最大的区别是,管理是通过管理工具去控制或者驱动别人做事,而领导是通过自身的影响力去影响别人,甚至是去感召别人。

对于管理者来说,大多数时候别人是在被动工作。对于领导者来说,别人往往愿意主动工作。

领导自己的最低目标是:要求别人做到的事,首先自己要做到。

要想让别人主动工作,那么,领导者让下属做到的,至少自己也要做到。比如要求下属诚信,自己首先要诚信;要求下属在工作时全力以赴,自己平时做事也必须全力以赴。

领导自己的表现就是率先垂范。

率先垂范要求领导躬身入局。下属在遇到困难的时候，最需要的是和上级肩并肩作战。不能做到躬身入局的上级，最多是个管理者，很难成为员工心目中的领导者。

领导者还需要有感召力。任正非在给员工的信中曾经说："战争打到一塌糊涂的时候，高级将领的作用是什么？就是要在看不清的茫茫黑暗中，用自己发出的微光，带着你的队伍前进；就是要像丹柯一样把心拿出来燃烧，照亮后人前进的道路。越是在困难的时候，我们的高级干部就越要发出生命的微光，发挥主观能动性，鼓舞起队伍必胜的信心，引领队伍走向胜利。"

很多领导者花了大量精力去领导别人，可是最需要被他领导的那个人，却被他遗漏了。

一个连自己都领导不好的领导者，不可能成为优秀的领导者。

第二项修炼：使命探寻

德鲁克有著名的三问："你的事业是什么？你的事业将是什么？你的事业究竟应该是什么？"这三个问题，是所有成功的企业家和领导者都必须回答的。我认为这也是成功的领导者需要和下属一起去探寻的三个问题。

一名合格的领导者首先要把组织的使命和愿景介绍给下属，让下属非常了解组织的使命和愿景是什么。在莱绅通灵，公司要求所有管理人员都要知道公司的使命和愿景，并且要向员工解释和介绍。

一名有影响力的领导者，还会向自己的团队介绍自己的使命和愿景。让下属知道自己的使命和愿景，可以增强下属对自己的了解和信任。当别人知道你工作的目的、意义和长期目标后，会更信任你，更愿意追随你。

领导者还要启发和帮助下属制定他们的使命和愿景。使命不仅仅是利他工程，使命的本质是对自身的能量进行管理，整合自己的资源，聚焦在一个对社会、对别人有价值的事业上，持续创造价值。当工作成为员工使命的一部分时，工作将变得有意义，他们的投入将变得更主动。

企业的使命是企业战略的起点。职场人士的使命是职场人士成功的起点。能帮助员工找到自己的使命，并推动员工实现其使命的领导者，就是员工生命中的贵人。

当领导者找到了组织使命、自身使命和下属使命的共同点时，员工和组织的能量会产生"核聚变"的效应。

第三项修炼：成为导师

领导者是下属的教练，甚至是导师。可是，教练和导师的区别是什么？

教练教授的是专业知识，也就是具体的工作和业务知识。导师在教授专业知识之外，还传授价值观和方法论。教练会基于当下的工作任务来开展培训工作，导师则基于员工未来的成长来进行辅导。

随着社会的进步和科技的发展，具体的业务知识将不断被淘汰，而知识背后的理念和方法论不会被淘汰。比如一个过去在报社工作的人，他的知识如果局限在报纸这个载体上，随着传统媒体的消失，他的知识就没有用了。如果他学会的是传播理论，报纸虽然没有了，但他的知识仍然可以用在新媒体上。

在莱绅通灵，有影响力的领导者都兼任下属的导师。公司教练部的钮婧仙，虽然不是商学院毕业，甚至没有学过培训，但是在领导部门时，她非常注重对员工进行方法论的培训，在她的领导下，员工迅速成长，整个部门在公司的满意度调查中时常名列前茅。反求诸己、复盘、小步迭代，这些理念在他们部门已成为大家的共识。

导师还要培养下属的习惯。

大部分管理者都是"目标导向"的，都会给员工制定KPI，通过KPI去驱动员工"自我管理"。KPI固然重要，但是如果员工不具备良好的工作习惯，而且绩效又是通过打鸡血似的激励达成的，那么员工的激情就很容易松懈，这非常不利于公司的长期发展。如果员工养成了良好的工作习惯，他们就能在引领达成绩效这个"果"的"因"上下功夫，使业绩得到长期的保障。

管理者抓绩效目标是一次性投资，得到的是一次性收获。培养员工养成良好的工作习惯，是长期投资，得到的是长期收获，而且不仅可以收获长期稳定的绩效，还可以收获人才，成就员工，成就组织，成就自己。

第四项修炼：及时反馈

供应链负责人李健在入职供应链后，首先把对部门内主管的客户 360 度调查的周期由季度改为月度，并且进行 271 排序。他和员工说明，271 排序不是为了淘汰末位，而是让每名主管及时知道自己在客户心目中的位置。无独有偶，教练部钮婧仙也是运用 271 排序的高手，她刚接手教练部时，员工向她汇报工作总是不用心，提交的工作方案质量不高，需要她反复修改。于是，她就制定一个规则，把下属提交的方案按质量进行 271 排序。从此，下属提交的方案质量越来越高。

271 排序是一种极端化、结构化的反馈机制，并不适合每个组织的每个管理者。但是，它确实可以起到意想不到的效果，因为这种排序包含着对前 20% 员工的"鼓励"和对后 10% 员工的"惩罚"。

领导者要根据员工的情况及时做出反馈，而不是等到年终评估的时候再告诉员工绩效结果，哪里没做好，哪里需要改进。及时反馈就是要求领导者随时观察员工的表现，针对员工的表现给出反馈。这有点像我们上学时的各种小测验，老师根据每个学生测验后的结果分析哪些知识点学生没有掌握，不同学生掌握的情况是怎样的，并根据这个结果给出反馈，比如哪些知识点需要再强化。老师不可能一学期都上完了，期间不对学生进行任何测试，如果等到期末考试之后再反馈，就已经太迟了。

如果等到年终再向员工进行反馈，这时候员工其实很难接受任何有建设性的反馈意见,也难以采取任何能改善现状的活动。因为员工都知道这时的评估分数关系到他们的薪酬福利及前途,在他们眼里,这个时刻就是裁决的时刻。

所以在平时及时给出反馈至关重要,这不仅会让员工觉得领导者重视自己,在帮助自己成长,同时也会让员工发现自己的价值,从而获得更多的满足感和成就感。

领导者不能对下属及时给出反馈,主要有三个原因:第一,他们并没有真正关注下属的工作,也就是没有入下属的"局",所以无法反馈;第二,他们不懂下属的业务,所以没法给出反馈;第三,他们不愿意"得罪"下属。对下属提出负面反馈是需要勇气的。如果领导者没有帮助员工成长的初心,即使发现下属有问题,一般都会选择得过且过,最后用绩效考核来代替反馈。

员工因为得不到及时的反馈,就会觉得自己没有问题,而等到季度或年度考核时,员工发现自己的绩效被上级评为不合格,往往会非常愤怒,他们甚至会觉得上级是在整他。

反馈还包括及时激励。很多领导者不习惯对优秀员工进行表扬和奖励,或者只重视物质奖励,忽视精神奖励。其实物质奖励和精神奖励是同等重要的。我经常听到员工对我说,公司十多年前给他们颁发的奖状他至今还保留着。在我为数不多的关于小学的记忆中,大部分是老师对我的夸奖。

可惜我们大部分领导者都缺乏运用好反馈这个威力巨大的武器的能力。

反馈的目的是帮助别人成长。成就他人,是建立影响力的最高境界。

领导者和被领导者是相互成就的

在莱绅通灵过去数年的变革中,我或多或少地运用了上面提到的"四项修炼"。

公司前台(销售部门)负责人、总裁助理杨磊,三年前入职公司时任人力资源总监,后来临危受命接替突然离职的运营总监。现在的公司后台负责人、总裁助理刘昆,三年前只是公司人力资源部的一名模块负责人,三年连晋三级。在莱绅通灵的变革之路上,他们既是我的下属,也是我的战友。在莱绅通灵,像他们一样迅速成长的领导者还有很多。

我和他们之间是一种"相互成就"的关系,我运用"四项修炼"帮助他们成长,他们也运用"四项修炼"帮助自己的下属不断成长。我成就了他们,他们也成就了我。

我相信公司会成就更多的员工。

我相信更多的员工会成就更好的公司。

成就组织 篇

好组织才能"长"出好绩效

- KPI管理，不只是制定指标和考核这么简单，而应该包含"共识、KPI制定、分解、辅导、监督检查、考核、处罚和激励"七个步骤。KPI是帮助员工成长的工具，而不是考核员工的工具。

- 企业里既有符合机械论的可预测、稳定、可控、有逻辑的一面，又有符合进化论的不可预测、变化、失控、复杂的一面。

- "小步迭代，不断进步"是生物型组织的典型特征。在这样的组织里，不怕起步晚，就怕不进步。生物型组织的管理者重教练，轻命令；重激励，轻处罚；重排序，轻批评；重选择人，轻改变人；重反求诸己，轻指责他人；重群策群力，轻上级决定。

第 23 课
Lesson 23

从金字塔型组织走向罗盘型组织

明确企业的使命、愿景、价值观,是每个企业进行战略管理的第一步。可惜的是,商学院只教授如何提炼使命、愿景、价值观,而不教授如何使它们落地。在我看来,企业如果不能由权力导向的金字塔型组织转变为赋能导向的罗盘型组织,即使它提炼出适合自己的使命、愿景、价值观,也很难使它们落地。

权力导向的金字塔型组织

传统的权力导向的金字塔型组织,其设计原理是最高领导者在金字塔的最顶端,管理人员根据权力大小从上到下依次排列，没有权力的员工在金字塔最底层（见图23-1）。在这样的组织架构图里，既没有使命、愿景、价值观的位置，也没有客户的位置，有的只是整个组织中的成员对上级的服从。

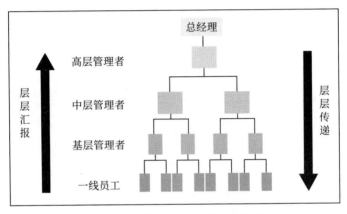

图23-1　权利导向的金字塔型组织架构

金字塔型组织对应的是传统工业化管理思维，假设最高领导者具有超人的智慧，可以统领组织。在这样的组织中，创新不是最重要的事，执行和服从才是首要任务。正如当年亨利·福特所抱怨的那样：我们只需要员工的双手，可是他们却带着脑袋来上班。

在工业化时代，客户可选择的商品少，技术创新迟缓，企业竞争主要是价格方面的竞争，采用金字塔型组织架构可以最大程度节约成本，以适应市场竞争。

在当下变化是常态的VUCA时代，敏捷和创新是对企业最基本的要求，过去那种高管高高在上的金字塔型组织架构，肯定不能适应当下市场竞争的要求。

赋能导向的罗盘型组织

彼得·德鲁克说，使命是企业存在的根本理由。杰克·韦尔奇说，使命是企业战胜竞争对手的根本手段。两位大师从不同的角度诠释了使命在企业中的核心地位。

愿景是企业诞生的初心，它回答了企业最终要成为什么样，要到哪里去。

赋能导向的罗盘型组织是以使命、愿景为中心的组织，使命、愿景位于组织的最中心（见图23-2）。

图 23-2　赋能导向的罗盘型组织架构

优秀企业的使命描述，都是以为客户创造独特的价值为核心的。例如阿里巴巴的使命：让天下没有难做的生意。又如华为的使命：聚焦客户关注的挑战和压力，提供有竞争力的通信解决方案和服务，持续为客户创造最大价值。

企业如果想真正以使命和愿景为中心开展工作，就必须构建以使命、愿景为中心的组织架构，即以客户为中心的组织架构。传统的权力导向的金字塔型组织架构，很难驱动组织完成使命、实现愿景。

围绕使命、愿景的前台、中台和后台

使命是企业为客户创造的独特价值，愿景是企业的梦想。企业存在的基本逻辑是：通过利他，即为客户创造独特的价值，来实现自己的梦想。

"以客户为中心"和"以使命为中心"，其基本出发点是一致的。当企业围绕着使命开展工作时，应聚焦于自己的"独特价值"或者说"独特竞争力"，始终调动自己的所有资源，构建自己的核心竞争力。

扩大销售是前台的使命。每家企业距离客户最近的一定是销售部门，销售部门员工承受着竞争的压力，他们最清楚客户的需求，最先感知客户的需求变化，最大限度地承受着来自竞争对手的压力，所以他们最需要被赋能。在赋能导向的罗盘型组织架构里，销售部门是企业里的"前台"。前台员工身处"战场"中，他们就是前线。

赋能前台，是中台的使命。

字节跳动被称为 App 工厂，它的每个产品在推向市场后，都十分成功，其诀窍就是张一鸣的"大中台、小前台"战略。它们的中台是"数字挖掘机"，所有上市的产品，每时每刻都在收集用户的信息，给每个用户打上无数的"标签"，用户的每次访问，都让字节跳动进一步了解用户。

字节跳动真正的竞争力是外界看不到的，那就是不断向内部提供越来越清晰的用户画像。

当张一鸣团队发现了一个未被满足的市场后，中台就来支持他们。表面上开发产品的人也就那么几个,但实际上支持他们的中台早已经做好了数据准备。在产品推出之前,他们已经完成了"半成品"。产品是不断变化的,而中台早已经完成了用户画像,有了中台强大的赋能,抖音、西瓜视频这样的前台,在市场获胜就非常容易了。

文化、组织驱动是后台的使命。什么样的后台可以孕育出强悍的中台力量呢?那就是后台。

后台的主要工作是根据企业战略来推进企业文化建设、组织飞轮搭建、运营模型(流程)优化、人才激励。

后台虽然距离市场相对较远,但是后台的工作却决定着整个企业的竞争力。

有什么样的文化、什么样的激励手段就会造就出什么样的团队。后台虽然不直接参与企业间的竞争,但它是企业的母体,它的强大可以孕育出最强的中台和最强的前台。

多数企业不敢重用"后浪"的原因

"大中台、小前台"不是互联网企业的专利,普通的传统企业也可以借鉴这个管理思想。

"大中台、小前台"的核心思想是,把前台所需要的共同价值部分,交给中台专业部门和专业人员去完成。比如字节跳动,它的抖音、西瓜视频、今日头条等前台所需要的数据和用户画像是接近的,可以共用一个"豪华"团队去开发,开发出来的用户画像和相关数据,可以源源不断地赋能给前台不同的 App,或者说不同的应用场景。

再比如一家手机公司，它的芯片团队、手机摄像团队、电池团队、数据算法团队等都可以集成到业务中台。公司根据前台的竞争需求，随时可以组合出具有不同市场竞争力的手机产品。以女性为主要销售对象的手机，可以把自拍、图像美容、外观颜值、手机体积等按女性的需求进行专门组合。而商务手机，只需要结合产品定位，在内存、电池、算法等方面做些调整，就可以组合出既和其他系列产品有区隔，又符合母品牌调性的商务型手机产品。

现在一些餐饮品牌采用的中央厨房经营模式，就是"大中台、小前台"在传统行业的成功运用。这类品牌的餐厅只做些相对简单的冷盘，而高价值、做工复杂的"大菜"，则由中央厨房的大厨做成半成品送到各个前台餐厅，当有顾客点这些"大菜"时，前台餐厅的"小厨们"只需要简单加工一下就可以了。

莱绅通灵的"大中台、小前台"战略，也是做大中台，赋能前台（见图23-3）。比如公司的品牌管理、客户经营、后勤、渠道、供应链等部门，均由专家型人才领衔提供服务。

"大中台、小前台"模式，不仅可以极大地节约公司资源，降低对前台人员能力的要求，还可以敏捷地为顾客提供有竞争力的服务。

最近一段时间，网络上热议"后浪"，但是大部分企业在招聘和用人时，还是不敢重用"后浪"，究其原因，是没有构建好组织竞争力，把工作压力都集中在前线员工个人身上，靠员工的个人能力去进行市场竞争。这样的企业会有两个弊端。第一，员工压力大，缺乏竞争力。第二，员工在能力得到提升后，容易离职，因为企业的竞争力不是在组织上，而是在员工个人身上。

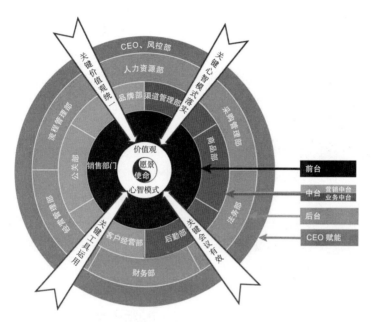

图 23-3　莱绅通灵赋能导向的罗盘型组织图

因为莱绅通灵是赋能导向的组织，所以很多 90 后的"后浪"在这里很容易走上重要的管理岗位。

CEO 是固定水桶木板的铁箍

前几天莱绅通灵中台新负责人入职时，我花了几分钟时间，把我设计的赋能导向的罗盘型组织架构给他画了出来。

我告诉他，他的使命是带领团队为前台赋能，而且他虽然是公司管理人员，但是他并没有权，不仅他没有权，莱绅通灵所有高级管理者都"没有权"。

我们所有管理人员都是赋能型管理者。前台为客户赋能，中台为前台赋能，后台为中台和前台赋能。作为CEO的我，为公司所有员工赋能。

莱绅通灵组织架构的中心，是公司的愿景和使命。使命，代表公司为客户提供的独特价值；愿景，代表全体员工的梦想。

组织中距离客户最近的是前台，它是公司的销售部门，前台的使命是：扩大销售，用"王室品位"赋能客户。

围绕前台的，是为前台赋能的两个中台，一个是业务中台，包括后勤部、商品部、渠道管理部等部门；另一个是营销中台，包括品牌部、公关部、客户经营部等部门。围绕前台和中台的是后台，后台包括人力资源部、财务部、经营管理部等部门。

这位中台负责人问我，你在组织架构图上处于什么位置？我说我在最外围，我的使命是监督所有部门、所有员工，朝着公司的愿景和使命迈进。

在赋能导向的罗盘型组织里，如果公司是个木桶，CEO就是固定木桶木板的铁箍。

贯穿公司前台、中台和后台的是公司的是"四个关键"：关键价值观统一、关键心智模式落实、关键工具运用、关键会议有效。这"四个关键"，犹如身体里的神经，贯穿莱绅通灵的所有业务、所有部门、所有员工。

罗盘型组织，躬身入局成必然

在莱绅通灵，为了把权力导向的金字塔型组织转变为赋能导向的罗盘型组织，我和相关管理者煞费苦心。我们每个季度都会组织为服务部门评分，前台为中台和后台评分，评分结果占员工 KPI 成绩的 50%。也就是说，即使完成绩效目标，但满意度不达标，最终成绩还是不达标。

在莱绅通灵，当客户需求和上级要求有冲突时，员工一定要听客户的。

实际上，这样的问题在莱绅通灵并不会发生，因为每个上级、每个管理者最大的使命就是为客户赋能。

随着 VUCA 时代的来临，传统的权力导向的金字塔型组织架构，越来越难以应对市场的变化。企业切实可行的做法是，把组织架构由权力导向的金字塔型组织，转变为赋能导向的罗盘型组织。企业最高管理者要主动转变为企业文化建设者，搭建组织平台，做员工的啦啦队长。

大部分企业家虽然有以客户为导向的意愿，但是如果公司的组织架构不改变，考核方式、激励方式不改变，文化不改变，这种意愿就很难实现。正所谓结构决定行为。

罗盘型组织，从结构上明确了公司以使命、愿景为工作核心，对员工进行评价的不再只是上级管理人员，更多的是客户和前台。

社会的发展趋势是客户的权力越来越大，员工的权力越来越大。罗盘型组织是顺应时代趋势的产物。

我们必须牢记：趋势总是战胜优势。

第 24 课
Lesson 24

管理者，千万别把好经念歪了

管理是帮助员工成长还是考核员工？这是个问题！

前段时间和公司人力资源部门的一名绩效管理人员讨论提炼公司管理理念，我说 KPI 是提升员工能力的一种工具，他立即"纠正"我说，KPI 是考核员工的工具。实际上，KPI 有多种功能，考核只是其中的一种，而且绝对不是最重要的。

一名专职绩效管理人员认为 KPI 的作用只是考核，我想问题并不仅仅存在于她的身上，这可能是企业管理中普遍存在的一种"好经被念歪"的现象。

考核员工还是成就员工

在莱绅通灵,我们有很多独创的管理工具,有些看起来很"冷血",外人看了都不理解,他们很好奇,员工会不会很抵触这些工具?确实,这些工具在刚推出时,员工会不理解,会有抵触,我总是要花大量时间向员工介绍使用这些工具的初衷是什么,它们能给员工带来什么。

比如莱绅通灵独有的"人才五力模型"(管理人员)(见图 24-1),可以通过对管理人员的使命力、破局力、人才裂变力、模型力、行动力五个维度进行评估,来判断其职场含金量。

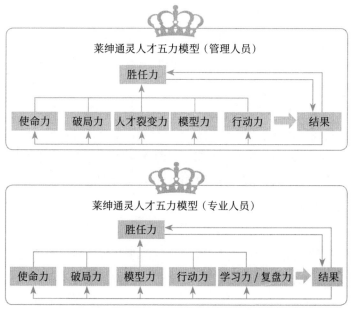

图 24-1 莱绅通灵"人才五力模型"

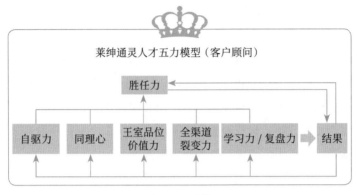

图 24-1 (续)

在五力模型刚开始推行时,有的员工就说,公司已经有绩效考核了,为什么又弄出这么多乱七八糟的事来?其实,绩效是滞后性的结果,具有一定的不确定性和偶然性,而人才才是绩效结果的源头,如果能对员工的素质进行持续评估,找到最合适的人,绩效结果的保障性就大幅度提升了。

我对那些需要进行五力模型评估的员工说,五力模型并不是一个奖惩工具,它是一个"体检"工具,可以帮助大家发现职场竞争力中的短板,大家可以根据自身情况来修复或者提升自己的短板。就像我们的身体需要定期进行体检一样,如果不做体检,我们不知道身体有什么问题,而且小问题可能变成大问题。

当员工理解了公司做这件事情的初衷不是处罚员工,而是给员工做职场竞争力"体检",是帮助员工提升职场竞争力时,员工不仅不会抵触,还会拥抱这种"人才体检"。

PK 就是最大限度挖掘员工潜能

这几年,我致力于莱绅通灵生物型组织的创建,生物型组织离不开内部竞争。我要求公司内只要能 PK 的,尽量 PK,不能 PK 的,也要创造条件 PK。

过去,公司市场部是由一位经理带着一个团队工作,这个团队在过去的工作中虽然非常努力,但是绩效总是不尽如人意。2020 年二季度,公司把该团队一分为二,并让两个团队进行 PK。公司的五一活动、520 活动,向两个团队进行招标,从品牌定位符合性、可靠性、经济性、操作简易性、门店员工接受度等几个维度进行评估,结果是原先的负责人领导的团队胜出。

公司重大市场营销活动因为涉及品牌、供应链、教练、运营、财务、后勤、IT、HR 等众多部门,非常容易出错。为了推进 PK 制,我们找到市场部两个团队的负责人,说明进行 PK 并不是对他们的工作不信任,而是想给他们的团队带来一定的压力和不确定性,让双方团队在营销的策划和执行过程中,都能考虑得更全面,客户意识和结果导向更强。最重要的是,想挖掘团队所有成员的潜能,在提升他们的工作绩效的同时,提升他们的职场竞争力。

原本看似对员工不利的 PK,变成员工积极拥抱的工作竞赛。公司提升了营销成果,激发了员工潜能,员工获得了更多成就感。

被 PK 掉的团队并不气馁,他们在积极配合获胜队执行营销活动的同时，还积极学习对方的获胜经验，反求诸己，为"赢战"七夕节的营销策划PK做准备。

271排序使潜规则变明规则

在推行271排序时，很多企业都会遇到很大的阻力，但是莱绅通灵并没有遇到。

在推行271排序时，我反复和员工沟通，说明271排序是大自然的法则。我举例说，我们去商场购物，一定会购买我们觉得最好的商品；子女选择大学，一定是选能考得上的最好的大学；哪怕找对象，也是选最好的。如果我们的工作业绩长期处在末位，一定会被淘汰，由末位组成的团队一定打造不出头部品牌。

271排序不是为了淘汰员工，而是为了及时向员工反馈他在团队中所处的位置，使员工可以根据反馈意见及时调整自己的状态，努力提升自己的排序名次。

不及时反馈，是对员工最大的伤害。让员工时刻了解自己在团队中的真实位置，是对员工最大的善意。271排序不过是把潜在的排序显性化、公开化了。换言之，这种排序原本就是存在的，只不过原来是"潜规则"，现在变为明规则。

好经常被念歪

回到文章开头，就拿KPI管理来说，莱绅通灵的KPI管理包括七个步骤（见图24-2）。

第一步是共识。团队所有成员都要明白为什么要选择这些KPI指标。

图24-2　莱绅通灵KPI管理的七个步骤

第二步是制定。就是明确各项KPI指标的定义,包括KPI指标的含义和目标,让大家都没有歧义。

第三步是分解。通过上述两步所制定的KPI目标一定是有难度的,上级要躬身入局和团队共创,找到达成目标的策略或路径。

第四步是辅导。辅导包含培训和调动资源进行配合。

第五步是反馈。KPI确定后,上级要在固定的时间节点检查和督促KPI完成的进度和质量,并及时进行反馈。

第六步是评估。这一步才是所谓的"考核"。如果前五步做得都很扎实,到评估时,大部分KPI都可以达成,员工也不会觉得KPI评估是在"考核"自己。

第七步是激励。根据员工的KPI完成情况,进行激励。

不管KPI完成得好还是不好,都要进行复盘,好的要总结经验，分享给同事，不好的要制订改进计划。

从莱绅通灵的 KPI 管理来看，整个过程的目的不是"考核"，其核心是为了帮助组织和员工更好地达成 KPI 目标。就像天下的父母和老师，没有哪个是为了考试而教育孩子的，都是为了孩子成长而教育孩子的，考试不过是促进孩子学习的一种手段而已。

把 KPI 简单地等同于考核，真是南辕北辙。

从"要我干"到"我要干"

2020 年，莱绅通灵把部分店经理的个人收入（年薪）目标列为公司三大战略目标之一。

过去我们对专卖店的考核采用的是销售额、利润等公司财务指标，员工仿佛只是公司的挣钱机器，他们存在的目的似乎就是为公司挣钱，为股东挣钱。

莱绅通灵这几年的变革方向之一是"成就员工"。"成就员工"不能只是一句空洞的口号。

在今年制定公司运营 KPI 时，我提出一部分店经理的年薪必须达到 30 万。提出这个目标时，部分高管不理解，他们说没有哪个公司把员工年薪列为 KPI。

我说，第一，公司文化里有"成就员工"，成就员工就需要关注员工的收入；第二，我们把一部分店经理的年薪纳入绩效目标，不是简单地发钱加工资，而是通过帮助员工成长，让他们提升绩效，通过提升绩效来实现收入的提高。

今年的疫情百年一遇，奢侈品行业是重灾区，最严重的时候，为了防控疫情，公司 92% 的店都关闭了，没有了全年最重要的春节、情人节两大销售高峰。按常理,管理者和员工都会要求降低年度销售目标。但因为公司的文化是成就员工,我们的目标里有员工的收入提升,所以没有人提出要降低公司年度销售目标。我们的核心管理团队走进各个战区,和大家一起开展关于绩效达成的"共识营"研讨,分析怎么提升员工收入,把提升员工收入作为非常重要的共创内容。为了提升收入,有的店经理提出自己还有余力,可以兼任附近其他店的管理人员;很多普通客户顾问主动提出要学习新零售,做网红,开展直播卖货。

员工的这些变化是过去无法想象的,他们真的实现了从"要我干"到"我要干"的转变。

角度变,世界就会为你而变

把公司收入目标变为员工收入目标,这样一个小小的角度的变化,就将要员工去做转变为员工主动要做;KPI 管理增加了共识、分解、辅导等步骤,就由考核员工变成了成就员工;员工 PK 和 271 排序,因为介绍清楚了其底层逻辑,就由"没有人性"的管理方式,变成了挖掘员工潜能、提升组织绩效的利器。

我认为,一些管理人员之所以把公司管理的很多"好经"给"念歪了",主要有两个原因:第一,公司文化里没有"员工至上"的理念,如果公司和员工仅仅是为股东挣钱的机器,那么公司的所有政策、制度就只会关注股东利益,而忽视员工利益;第二,管理人员对一些西方的管理制度一知半解,没有把握这些制度的本质或者说底层逻辑,只是照葫芦画瓢，在公司内强制推行，造成水土不服。

公司获取更高利润和成就员工不仅不冲突，而且是相互促进、互为因果的关系。在当下这个 VUCA 时代，公司急需和员工、上下游供应商等利益相关者形成多赢的局面，甚至飞轮效应，以应对不确定的市场环境。

利他才有可能利己，只有公司文化和管理工具的底层逻辑是利他的、多赢的，它们才能真正发挥出威力。

当员工能够理解公司的考核不过是借假修真、借事修人的手段时，KPI 管理的真实意图才能得以体现。

当公司和员工建立起互赢的关系时，公司的业绩实现方式就由自上而下的压迫式产出，转变为员工发自内心的自下而上的涌现。

第 25 课
Lesson 25

好绩效,是从好组织的土壤里"长"出来的

我认识一位企业家,他们企业的营销总监一直不稳定,十年换了十多个,还有很长时间这个岗位是空缺的。我问他为什么会这样?他说,这个岗位太难招人了,懂管理的不懂市场营销,懂市场营销的不懂管理,既懂市场营销又懂管理的,或者和公司的文化很难融合,或者薪资很难谈拢。

这位企业家遇到的难题,也是我们遇到过的难题,我相信很多企业都遇到过类似的问题。这个问题的症结在于企业过度依赖管理人员个体,而忽略了企业和部门的组织能力建设。大部分中小企业只制定了部门负责人的绩效目标,而没有制定部门的组织绩效目标,把部门负责人的绩效等同于部

门的组织绩效。

这样，对部门负责人的要求就变得特别高，他必须是专业、管理等各方面的全才，而在市场上这样的人才是稀缺的，很多这样的人才都去创业了，即使市场上有，价格一定不便宜。

管理者很难既当爹又当娘

传统的人力资源部门在招聘时，总是希望能招聘到全才，部门负责人最好在专业、管理、文化等方面都非常符合企业要求。

我们把部门负责人比作一位父亲，我们希望这位父亲是全能的，他既能给家里挣钱，又会做家务，还会教育孩子、愿意带孩子、愿意辅导孩子写作业。显然这样的父亲在现实中很难遇到。

如果企业能把业务管理和组织管理职能适当分离，部门一把手侧重于业务管理，而人力资源业务合作伙伴（HRBP）协助部门负责人重点做好部门的组织管理，这样就可以减少部门内部的组织管理工作对部门一把手的压力，让他们可以腾出更多精力在业务上发力。

彼得·德鲁克说，组织就是要让平凡的人做出不平凡的事，要通过分工让不同的人做不同的事来达成组织的目标。

很多企业之所以把业务管理和组织管理的所有工作都交给部门一把手去做，是因为没有考虑到业务绩效和组织绩效是可以适当分离的。

好绩效是怎么"生长"出来的

大部分领导只关注 KPI 目标本身，还美其名曰"以结果为导向"。绩效管理就像果农照看苹果树，如果果农只关注苹果本身，果树是结不出好苹果的。要想有好的收成，果农就要关注树枝、树干、树根（见图 25-1），甚至土壤。

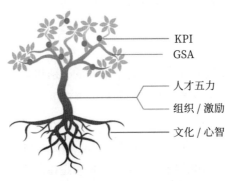

图 25-1　树型组织五力模型示意图一

我把组织管理分为五个阶段。

第一个阶段，绩效考核只关注结果，以结果为主，对员工的其他行为不太关注，口号和理念是"以结果为导向"。

为了让绩效管理工作回归帮助员工成长的本质，在莱绅通灵，绩效管理分为共识、制定、分解、辅导、反馈、评估、激励七个步骤。

第二个阶段，在绩效管理的过程中会关注达成 KPI 目标的行为和策略。组织对达成 KPI 目标的行为和策略进行探讨，并且对行为和策略的前置性指标进行评估，使员工对达成目标的策略和行为有了共识，以利于 KPI 目标的达成。

莱绅通灵在每年、每个季度都会确定公司目标（G），然后再对达成每个G的策略（S）进行讨论确定，确定了S后再对达成S的行为（A）进行讨论，确定了行为后，部门所有员工只要锁定目标G，坚持执行行为A，就可以了。

$$目标（G）= 策略（S）\times 行为（A）$$

第三个阶段，对人才进行系统评估。做任何事都离不开人才，要达成部门的绩效目标，更是离不开合适的人才。对于到底什么样的员工才是人才，不同的企业有不同的理解和定义。

对人才的要求一定不是单维度的，所以企业需要有一套符合自身行业特点、发展阶段和价值观的人才评估系统。有了可靠的人才评估系统，企业就可以对人才进行有效和系统的评估，就可以选出所需要的人才，淘汰不合格的员工。

第四个阶段，组织和激励系统的完善。绩效目标的达成不但离不开组织内完备的职能系统的相互协作，更离不开对员工的短中长期激励机制。

组织是个系统，系统能正常运转，离不开完备的子系统。就如一辆汽车，光有发动机是不行的，还需要电子、制动等各系统都完备，并且它们要相互协作才能发挥发动机的最大性能，同时发动机也是其他子系统的协作系统之一。当部门绩效出现问题时，领导者要关注组织的职能系统是否完备，职能与职能之间的配合是否协调。

要想让员工有持续的工作动力，就需要进行持续的激励。现在流行的稻盛和夫的阿米巴经营管理模式，和海尔张瑞敏发明的人单合一模式都是非常好的激励系统。其核心就是把企业打造成一个平台,把各部门作为核算单位,让这些小组织在企业这个平台上"自主创业",多劳多得,成为自身业务的经营者。企业提供品牌、商品及其他中台和后台服务。

第五个阶段,文化和心智培育。文化和心智构成企业的基因。吴军在接受刘润采访时说,"企业的基因"翻译过来就是"创始人的作用",这个理论在 1942 年左右就被提出来了。

该理论认为,任何一个组织在形成过程中,都会受到早期创始人的影响,而且这个影响持续的时间还很长。比如,一家企业一开始的核心成员有十几个人,他们的价值观和做事方法是相同的,那么慢慢吸引进来的人的价值观和做事方法也都类似,也许有一些人不认同这样的价值观和做事方法,但经过几轮迭代,这些人会主动或者被动地离开。慢慢地,这样的价值观和做事方法就会被强化和固化,最终就形成了这家企业独特的基因。

企业的基因不是表面上所做的业务,而是内在的价值观和做事逻辑。

比如,微软一开始做 PC,后来又做云计算,它的基因变了吗?其实没有。直到今天,它在世界各地(除了中国)做的都是 toB 的业务。它的 Windows 系统和 Office 软件,是面向企业用户的,在美国,它会数你的企业有多少张办公桌,一张办公桌收 2 美元到 400 美元,按桌收费。因为要满足各种企业上上下下的所有需求,所以它的 Windows 系统和 Office 软件的功能非常强大。

而苹果，一开始做的就是 toC 业务，面向个人用户，因此它的功能并不一定最多，但它更关注颜值，更关注体验。

微软和苹果在基因上的区别，其实从它们的创始人盖茨和乔布斯身上就能够看出一二。

从一开始，盖茨就想通过 PC 挑战 IBM 这个权威，面向的是企业用户。而乔布斯，他一直强调艺术和技术的结合，面向的是个人用户。

公司的长期发展，会持续受到早期创始人的影响，这就是企业的"基因论"。

莱绅通灵的企业文化包括：使命、愿景、价值观和做事的心智模式。

部门一把手作为"家长"，除了负责全面工作，重点就是做好业务工作。而业务绩效目标的达成，要从文化／心智、组织／激励、人才评估、GSA 分解、KPI 达成等基础工作入手（见图 25-2）。

这些工作中的很大一部分可以交由 HRBP 主导完成。仔细分析可以发现，各部门的文化／心智、组织／激励、人才评估、GSA 分解都具有相似性，虽然每个部门的业务不同会导致一些差异，但是同构性更大。而且，HRBP 人才可以规模化培养。

当解决了部门基础的组织管理工作后，做业务的"父亲"就可以轻装上阵了。当然也不是说部门一把手一点组织管理工作都不用做，而是应把重点放在业务发展上，组织管理工作则应通过团队和分工来完成。

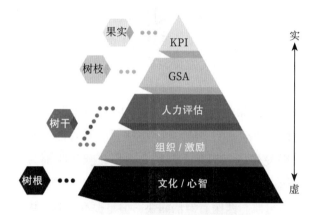

图 25-2　树型组织五力模型示意图二

如果组织的土壤、树根、树干、树枝都十分健康,自然会结出丰硕的果实。

把部门当成一个公司来经营

每个部门都是公司的一个器官,它就如同一个小公司,它之所以能够存在,是因为它有自己的使命和任务。我在公司里要求所有部门在讨论和制定 KPI 目标时,都要回答彼得·德鲁克关于组织的五问。

- 我们的使命是什么?
- 我们的客户是谁?
- 我们的客户重视什么?
- 我们追求的成果是什么?
- 我们的计划是什么?

如果一个部门的每个成员都能认真思考并正确回答这些问题，我相信他们的工作一定会卓有成效。

公司关注组织能力建设，是一个从虚到实发展，再从实到虚追问的过程。

我把以结果为导向直接关注 KPI 的"果"和通过组织能力建设达成绩效的"果"这两种方式，比作西医和中医。

我们发烧去看医生，西医会直接让我们吃消炎药、退烧药，而中医则会让我们进行调理，甚至让我们改变生活环境和生活习惯。西医看似治病快，但是很难根治。中医虽然慢，但是治疗得更彻底。

好的 KPI 结果，都是从好的组织里"长"出来的。我们与其急功近利地盯着结果，不如放松心情，从松土、育苗、施肥、除虫、去枝开始，用长期思维去获得丰硕的果实。

把虚做实，落实"四个关键"

自 2017 年变革以来，莱绅通灵一直在加强公司层面的组织能力建设，人力资源部更名为"飞轮生态部"，开展各级管理人员企业文化考核、全员业绩 271 排序，各战区、合伙人、部门负责人也都纳入公司文化考核和业绩 271 排序的范围。目前，公司层面的组织能力建设已经初见成效，而各级管理人员提升所在团队的组织能力则迫在眉睫。管理者是带领团队的，如果管理者不能有效地提升团队的组织能力，那么团队在业绩 271 排序中处于后端是必然的。

既然提升组织能力是管理人员的基础工作，那么管理人员如何提升组织能力，如何把这件看似很虚的事做实？其实并不难，只要大家遵循下文的"四个关键"，相信你所在团队的组织能力一定会大幅提升。

关键价值观统一

要想提升组织能力，首先要有一个全部成员志同道合的团队，所谓志同道合就是价值观一致。在莱绅通灵，员工既要认可价值观，还要践行价值观。莱绅通灵的价值观包括：赋能、破局力、经营人、全力以赴和诚信（见图25-3）。

图 25-3　莱绅通灵价值观

所以，团队负责人首先要审视每个团队员工在价值观上是否和公司一致。团队负责人不仅要自己身体力行学习和践行公司价值观，还要做价值观导师，培训和监督团队成员学习价值观，落实部门的使命和自身岗位的使命，让公司、部门、自身岗位的使命有机联系起来。

关键价值观统一，决定了我们和谁一起工作，谁可以加入我们的团队，谁必须离开我们的团队。

关键心智模式落实

彼得·德鲁克说，组织的作用就是让平凡的人，做出不平凡的事业。

让平凡的人做出不平凡的事业，当然有很多种方法。其中非常有用的一种就是提升组织成员的认知能力，让其拥有先进的心智模式。

莱绅通灵的公司文化里有20多条心智模式，其中有很多来自自然科学、哲学、生物学、社会学、心理学、经济学、管理学等学科，经过无数前人实践，已经被验证是完全正确的。

运用这些关键心智模式，可以立即提升员工的认知水平，这些关键心智模式也给了所有员工更多行之有效的方法论，让公司能站在巨人的肩膀上，真正帮助平凡的员工做出"不平凡的事业"。

关键会议有效

提升组织能力时，要善于用好关键性会议。一个组织是由若干个系统构成的，每个系统都有它的作用和使命，会议是让系统正常运转的重要工具之一。

在莱绅通灵，公司和部门的运转是由几个关键性的会议推动的，包括绩效目标会议、绩效目标分解会议、人才盘点会议、绩效提升会议、复盘会议、末位述职会议、优秀员工表彰会议、公司文化和心智模型学习会议。这些会议都有固定的流程，有的是年度会议，有的是季度会议，有的是月度会议或周会，而且这些会议都有反馈系统和会议决议追踪系统。会议这个平台让组织内重要的工作有落实，有反馈，有激励，形成循环纠偏，推动组织能力不断提升。

关键工具运用

提升组织能力，必须善于利用各种关键管理工具。好的工具具有革命性的价值，有了它，就可以解决一系列的问题，而不是一两个问题。团队负责人有责任教授团队成员使用工具，特别是重要的管理工具。

在莱绅通灵，可以提升组织能力的工具有很多，如绩效管理、复盘、271排序、PDCA循环管理、五步工作法、末位述职、清单管理等。

团队负责人不仅要带头使用和培训员工使用这些关键管理工具，还要引进和开发各种工具。

在当今社会，人与人的竞争在很大程度上就是拥有和使用工具的能力的竞争。如果管理人员能让团队成员拥有和使用先进的管理工具，那么创造出任何奇迹都不足为奇。

"四个关键"要结构化、制度化、智能化

"四个关键"是提升组织能力的重要手段和路径，不同的组织应该根据自身的具体情况来采取切实可行的落地措施，让"四个关键"在组织内结构化、制度化、智能化。这项工作可以作为各级管理人员的基础工作之一，纳入绩效考核内容。

第 26 课
Lesson 26

源头思维，高手的思维模式

《黄帝内经》里有一句旷世名言："上工治未病，不治已病。"扁鹊也有类似的说法。其道理很简单，说的都是要防患于未然，也就是要有源头思维。

一个部门为何四易其名

源头思维，着眼于从根本上解决问题，甚至根本不让问题发生。

管理者每天都要解决很多问题，其实，所有问题可以分为两大类，一类是偶然因素导致的突发问题，另一类是因为前期工作没有做到位而必然出现的问题。

比如新冠疫情对企业带来的影响，就属于突发问题，而像员工离职、绩效不达标等，则是因为前期工作没有做到位而必然出现的问题。

在工作中要想避免第二类问题的出现，企业和管理人员必须有"源头思维"。

我对源头思维的认识过程，从莱绅通灵监察部门的名称变迁中就可以看出来。公司的监察部门最早叫监察室，后来更名为风控部，再后来叫反熵部，现在叫防熵部。

早期的监察室，从名称上可以看出，它主要的职责是事后防范，就是员工出了问题后，由监察室按照制度进行处罚；风控部，有所进步，开始关注事前风险控制，不过当时的事前风险控制，主要是根据公司已有制度进行合规监察和检查，防止风险产生。

反熵部的职责是对熵增现象进行补救。而今天的防熵部的职责就更接近在源头上解决问题了，它的首要工作是"防"，有制度的要防止违反制度，没有制度的，只要是对公司不利的事都要竭力防止。

在莱绅通灵，只要是影响公司的利益、效率、未来发展的现象，我们都定义为熵增现象。防熵部实际上是探索源头管理的部门，它的使命是思考在源头上解决问题，而不是等问题发生了再去查处谁。通过已经发生的问题，"顺瓜摸藤"找到导致问题的原因，通过机制、制度的完善让问题不再发生，这才是防熵部真正的职责。

企业文化是"文化疫苗"

中国人自古就有源头思维，现在的父母不让孩子输在起跑线上的心态，也是源头思维的一种表现。

可是在实际的企业管理中，真正拥有源头思维的企业和管理人员却很少。这是因为中国近40多年的高速发展，为企业带来很多的机遇，此时，谁还愿意花功夫去考虑源头那么复杂的事呢？但是，随着各个行业、企业的竞争开始进入白热化阶段，源头思维必然成为每个企业都关注的重点了。

在莱绅通灵，所有员工都会经历时间比较长的企业文化学习和考试。这些学习和考试看似与他们当下的工作无关，但其实是一种源头管理，员工参加企业文化的学习和考试，就相当于在思想上注入了"文化疫苗"，当工作中真的有"文化病毒"侵袭时，员工身上的"文化疫苗"就会出来抵抗"文化病毒"。

企业里的最高管理者可能心存高远，并且受过很多管理方面的教育，而其他管理者未必受过这些教育。企业像一艘大船，如果船上的管理人员对战略、对文化不能达成共识，就很难劲往一处使，而达成共识的前提之一就是世界观和认知的统一。当然，要做到世界观和认知的绝对统一非常困难，但是至少要做到相对统一。

为了培养大家的源头思维，我举办了多期"底层逻辑学习班"，把同事变成同学，在为期两年的学习班里，和同事们一起学习哲学、认知心理学、生物进化与人性等和工作没有太多直接关系的底层逻辑知识。

通过学习相同的知识以及课间的相处，大家互相增进了了解，并且能够用大家都了解的知识来开展工作、解决问题。这样就在源头上解决了管理人员思维逻辑的统一性问题，让工作得以更好地开展，员工关系也更加融洽了。

一个企业的很多问题都源于基层管理人员不明白上层的思路，部门相互之间不能站在对方的立场上看问题，部门墙高筑，领导不知道基层员工的工作难点。如果一个企业没有这种底层基础认知的共同学习，就很难形成战略共识和文化共识。

在东塾堂，我让各级管理人员跨部门、跨职级交叉组班，大家由同事变成同学，相互交融，相互理解，从源头上解决了"部门墙、层级墙"的问题，为公司上下形成战略共识和文化共识打下"源头基础"。

前置性指标比目标更重要

所谓目标管理，就是结果管理，所以大部分人都以为只要给下属定个目标就可以了，实际上这是大错特错。

有的中层管理者，接到了公司的任务，比如说一亿元的销售额，然后转手把这一亿元销售额分给甲乙两个手下，每人5000万元销售额。这是一种分包，而不是目标管理。

一亿元的销售目标是"果"，能够实现这个"果"的"因"才是管理者应重点思考的问题，而"因"由两部分组成：第一是路径，即怎么做；第二是做什么。

当管理者从聚焦于目标，变为聚焦于达成目标的"前置性"指标时,我们就具备了源头思维。

在工作中,如果上级一直盯着目标,而不做源头管理,不把工作前置到达成目标的路径(策略)和行动上,不对行动进行追踪,那么目标大部分时候都会变成镜中月、水中花。

路径,或者说策略,考验的是专业知识;行动考验的是执行力。

在莱绅通灵每年的战略目标制定过程中,有一项非常重要的工作就是对"战略准备度"的评估。比如未来一年要开多少家店,销售额是多少,要达成这些目标,那么前置性指标是:需要提前准备多少资金,提前准备多少合格的员工,等等。这些就是"战略准备"。

制定没有战略准备的战略目标,就是在赌博,在碰运气。前置性指标,比目标还重要。

西方哲学强调"逻辑先行",逻辑先行就是遵循事物发展规律,按规律办事。在具体工作中,就是上下级、相关人员先就因果关系形成共识,然后全力以赴在"因"这个源头上下功夫。

源头思维遇到的挑战

源头思维是一种科学有效的管理思维,可是现实中大部分人还是习惯于头痛医头、脚痛医脚。造成源头思维缺失的主要原因,我认为主要有以下几方面。

第一,源头思维对管理人员的要求更高。源头思维需要管理人员具备系统思考能力，能放大尺度看问题，不但能看到树木，更能看到森林。而且，需要管理者能洞悉事物的本质，领悟到工作的内在逻辑，看到事物发展的必然性，在工作时"逻辑先行"。

莱绅是比利时王室御用珠宝品牌，在中国市场，为了让客户体验到纯正的欧洲王室品位，形成差异化的客户价值，品牌部专门设计了"王室工服"，来代替原来的工服，好让莱绅通灵的销售人员在商场里成为流动的模特，吸引客户关注。

然而在实际工作中，部分店铺运营人员并不愿意穿新的"王室工服"，而是喜欢穿过去的普通工服，因为他们认为新工服不过是更好看的服装而已，可穿可不穿。当他们为销售而奋斗时，却不知道"王室工服"是他们非常好的销售利器，白白浪费了品牌部的用心。

要解决这样的问题，就需要从销售人员认知这个源头入手，而不是简单地用制度去规范员工行为。当员工认识到"王室工服"能区隔品牌，能提升他们的销售业绩时，员工就会自觉遵守。

第二，旁观者心态，不在其位不谋其政。传统企业的科层式组织架构，要求员工各司其职，这样的组织架构和文化使员工形成了只扫自己门前雪的心态。员工在工作时追求"没做错"，而不是"做对"。

公司采购部在为电商销售部门采购首饰包装品时，包装费一直居高不下，电商部负责人了解了采购细节后发现，原来所选用的材料在国内只有一家供应商可以提供，并且需要从国外进口。事实上，如果选用替代品，成本可以降低很多，而且完全可以满足原设计的需求。

但是采购人员因为缺乏责任心，追求"没做错"而不是"做对"，机械地按设计部门的要求去采购，造成公司成本无谓地增加。

第三，源头思维，价值不好判断。当下的问题是显而易见的，而源头问题则往往不容易被看出来。当下的问题责任非常明确，该是谁的事儿一清二楚，而源头问题则往往没有明确的责任人。当下的问题都比较紧急，不解决不行，而源头问题则往往是"重要而不紧急"的。

现实工作中的源头问题属于"未来问题"，它产生的坏结果只有在未来才能显现出来，而大部分公司的考核往往只考核当下，这就迫使员工只关注当下，而不顾及未来。当员工在工作中不顾及未来时，就已经在未来的源头埋下了"炸弹"。

扁鹊三兄弟中，为什么扁鹊最有名，而真正医术最高明的大哥却默默无闻？因为扁鹊所解决的问题，别人都能看到、感觉到。而大哥把更多病消灭在表现出来之前，这些病有可能得，也有可能不得，虽然有价值，但是价值难以评估，所以很多人就不去关注了。再说，问题还没有产生，只是静悄悄地消灭了一个"未来"的问题，不会有轰动性的公关效果。

这就是公司里的员工基本上都争着做扁鹊，而少有人去做扁鹊大哥的原因。

如何强化源头思维

源头思维是一种有效而彻底的解决问题的思维方式。虽然它是我们中国人自古就有的智慧，但是要想让管理人员都能运用好，并不是一件容易的事。

在长期的管理实践中，我总结出以下几条关于运用和提升源头思维能力的建议。

第一，选对人。人是一切的源头。

人是工作中最大的变量，人如果选错了，一切都不可能好，所以选人是管理者的第一要务，对的人终究会带来"对的事"。如果只关注做对事，而选错了人，这个"错的人"虽然今天能把事做对，但未来一定会把事做错，给公司带来巨大损失。

第二，统一价值观和公司战略。价值观和战略是公司经营的源头。

价值观是一家公司所有行动规则背后的灵魂，如果灵魂不能统一，规则一定会有内在的冲突。公司战略是公司所有行为的统领。如果公司中高层管理者不能在公司战略上达成共识，整个公司很难做到步调一致。一个步调不一致的公司，其市场竞争力可想而知。

第三，员工考核由任务导向转为使命导向。有使命的员工才会有源头思维。

大部分公司对员工的考核只有 KPI，而 KPI 往往只反映员工当下的业绩。单一的 KPI 考核，让员工只关注要考核的少数几个指标。然而，在很多时候这些指标并不能真实反映公司对岗位的真实要求。更有甚者,有的员工为了完成KPI而做假。作为管理工具,目前KPI还不能少,但是公司要辅以人才盘点、公司文化考核、360调查等工具,将员工考核由任务导向转为使命导向。

第四,设立专职部门或者专职岗位。职能的缺失,犹如器官的缺失。

工作中每个人的视野和精力都是有限的。大部分人会被眼前的工作拖累,很多时候某些现象会蒙蔽管理人员。我们不能求全责备,要求每个管理者随时随地都有源头思维。

公司可以设置专职部门或者专职岗位,专门从事源头思考的工作。莱绅通灵防熵部的责任之一就是在发现和处理问题时,从源头入手,争取彻底解决问题。

第五,设计多劳多得的分配机制。分配机制是最重要的源头。

多劳多得的分配机制尤为重要。现在国内盛行的阿米巴经营、海尔推行的人单合一制度,都是在机制上解决了分配问题,让员工由"打工者"变成"经营者"。当员工的收入和所创造的价值直接相关时,员工的创造力自然会被激发出来。

反求诸己是源头思维的开始

"行有不得,反求诸己。"这句话出自《孟子·离娄上》,它的含义是:如果行动没有达到预期的效果,就应该反省,从自己身上找原因。

生活和工作中出现的很多问题，表面上看责任在别人，但是当我们深入分析后，最终发现责任在自己，或者自己有相当的责任。

当管理者养成反求诸己的习惯时，他就具备了源头思维。

第 27 课
Lesson 27

企业管理之道：管理用机械论，发现用进化论

　　我一直在思考一个问题：管理有没有自己的"至简大道"？

　　牛顿、达尔文和爱因斯坦被誉为五百年来全世界最聪明的三个人，因为他们既是最伟大的科学家，也是最伟大的哲学家，他们先后开创了人类新的世界观。

　　根据牛顿的机械论，瓦特发明了蒸汽机，蒸汽机推动了第一次工业革命的开展；亚当·斯密写出了标志资本主义经济理论诞生的《国富论》；管理学之父泰勒写出了《科学管理原理》。

　　19 世纪出生于英国的伟大的生物学家达尔文，《物种起

源》作者，提出了生物进化论学说，从而摧毁了神造论以及物种不变论。除了生物学，他的理论对人类学、心理学、哲学等领域的发展也都有巨大影响。

机械论世界观，又称还原论，它的核心观点是世界是可预测、可分解、可控、有逻辑的。整个宇宙就像一个钟表，只要给它力，通过内部机械结构传动，它就可以运转起来。人类在过去几百年里的主流世界观就是牛顿的机械论世界观，它对应的是工业化世界。

进化论世界观，又称生物学世界观，它的核心观点是"遗传变异，适者生存"。进化论理念认为世界具有不可预测性、变化性、不可控性、复杂性。

两种世界观对应两种管理模式

机械论世界观，催生了泰勒的"科学管理"，科学管理又推动西方涌现出一大批工业化大企业，如福特汽车、可口可乐、美国运通等跨国公司。

进化论世界观，更适用于互联网时代，在进化论思想影响下，涌现出一大批新时代企业，如谷歌、苹果、阿里巴巴、华为、腾讯、海尔等一大批全球化公司。

机械论和进化论这两种世界观，在管理中并不是相互排斥的，而是相互补充的。企业既有符合机械论的可预测、稳定、可控、有逻辑的一面，又有符合进化论的不可预测、变化、失控、复杂的一面。

任何组织都需要借助牛顿的机械论勾画出组织的框架，

决定组织发展的大方向，界定组织的原则和底线。但是如今所有企业都处于环境超级复杂、竞争超级激烈、变化超级迅猛的状态，这要求任何组织都必须超级敏捷、超级进取。所以组织在确保大方向和底线的前提下，需要所有员工都高度敏捷、高度积极，然而单纯的机械论并不能适应信息化社会的竞争。

可以说，机械型组织不适合复杂的环境，机械型组织不适合快速变化的环境，机械型组织不适合激发员工的内在动力，机械型组织的控制成本很高，机械型组织不适合创新。

机械型组织的这些缺点，恰好可以通过进化型组织来解决。进化型组织能够适应复杂的、快速变化的环境，可以激发员工的内在动力、降低控制成本、促进员工创新。

进化型组织又不能缺乏机械论的支持，如果组织内只有进化，没有机械的"钢骨"来兜底，组织就会迷失方向，缺乏底线，丧失原则。

机械论是骨架，进化论是神经

在组织管理中，只有将机械论和进化论相互交融，才能取得最好的效果。

机械论具有可预测性、稳定性、可控性、逻辑性等特点，适合用在管理的控制上，比如战略分解、刚性节点、制度执行、逻辑推演等工作上。机械论适用于已经确定的公司制度、公司文化、战略任务、重要工作流程和节点。这些工作具有刚性和兜底性，不容挑战。

进化论具有不可预测性、变化性、不可控性、复杂性，可以运用在复杂、不确定和创新类工作中。比如在同样或者接近工作环境下的员工 PK 或者 271 强制排序，再比如管理中的末位淘汰、内部招标、阿米巴等，进化论更适合用在已经确定原则后的创新工作中。

把机械论和进化论工具化

莱绅通灵机械论管理工具和理念有：战略分解、GSA、模型、重要会议、节点、制度、流程、项目管理、IPD、行事历、管理清单、结构化、傻瓜化、扣死等。

莱绅通灵进化论管理工具和理念有：赛马、271、复盘、案例萃取、反求诸己、PDCAS、奖优罚劣、末位淘汰、阿米巴、蝴蝶效应、自组织、系统思维、逆向思维、自下而上、去中心化、小步迭代、共创、激励等。

最好的管理工具往往都是机械论和进化论的组合体，比如 PDCAS，这个管理工具把计划、组织、协调、优化然后分享都涵盖进去了，并且闭环循环。

有效管理必须将机械论和进化论相结合

过去占主导地位的经典管理理论是机械论理论。也就是说，组织首先制定一个目标，并根据这个目标列出一系列可选的行动方案；其次，评估各个行动方案的优缺点和可能的结果；最后，组织根据评估结果，选择最佳行动方案去执行。

这是跟进化论完全不同的行动方式。传统的战略管理理论，比如我们熟悉的 SWOT 分析、竞争战略等，就是机械论（理性选择理论）的代表。理性选择理论曾经统治了管理学界很长一段时间，堪称经典的组织决策模型。

但是，后来有越来越多的证据表明，这个看似完美的理论其实有很多缺陷，因为它建立在几个错误的假设基础之上。首先，它假设组织拥有完备的信息和超强的信息处理能力。也就是说，组织既知道与自身所面临的环境有关的全部信息，还知道每种行动方案可能出现的结果和概率。其次，它假设组织的内部环境和外部环境都是稳定的、连续性的，不会发生变化。

但是，这些假设现在都被推翻了。现在的组织理论认为，组织只具备"有限理性"，即组织只能获得片面的信息，拥有有限的信息处理能力。随着科技的不断发展和竞争的变化，组织内外部环境都在不断发生巨大变化，这就导致用机械论（理性选择理论）做出的决策的适应性大大下降。

机械论（理性选择理论）无法适应不确定的环境，组织要生存，就需要引进进化论来做补充。

进化论，是在机械论的大框架下开展工作的。组织先行动起来，再根据行动的结果，来修正下一步的行动，以适应竞争环境，这就是进化型组织的核心理念。

在进化型组织中，员工从实践和经验中学习。从经验中学习是指这样一个过程：组织先采取一个行动，并且记录这个行动的结果；然后，推断行动与结果之间的关系，得到一个结论；接着，再根据这个结论，来调整下一步的行动。这就形成了一个学习的反馈闭环。我们现在熟悉的很多说法，像小步试错、快速迭代、最小化闭环、柔性组织等，都是生物进化型组织的特点。

与机械型组织不同的是，进化型组织的特点还有：自组织、自下而上、竞争、无边界、多样化、涌现等。

提炼关键成功要素，让偶然变必然

在今天的社会，大到国家，小到个人，都需要适应环境的变化。按照达尔文"自然选择，适者生存"的进化论思想，不进化就要被环境淘汰。

但是我们该如何平衡机械论和进化论的关系呢？

我举个例子来说明。比如我们管理的一个车队，要参加比赛，比赛的路线是一条复杂的山路，我们选择司机的条件包括不能违反交通规则，驾驶多少时间必须休息，速度不能超过多少，这些都可以运用机械论的制度进行管控。在这些管控之外，具体的会车、转弯、加速还是刹车等，都可以交给司机自己决定，但是我们会通过比赛的排名对他们进行管理。

之所以很多工作不能用机械论工具来管理，而要用进化论工具来管理，是因为这些工作变量太多、不确定性强。

聪明的管理人员，会在复杂的工作中提炼出关键成功要素，找到成功规律，然后把这些规律结构化、模型化、工具化、傻瓜化，让所有人都必须执行，让胜利从偶然变成必然。

强者都是进化高手

最早开展员工271排序的企业是美国通用电气，杰克·韦尔奇在回答记者提问时说，他认为管理当中最重要的事就是，对所有员工进行271排序，然后区别对待。无独有偶，在中国，海尔电器早在20世纪就提出了"相马不如赛马"的理念。阿里巴巴成立20多年，始终坚持末位淘汰制度。腾讯马化腾长期坚持内部PK制度，全民级App微信，就是通过内部PK脱颖而出的。任正非不仅坚决执行271末位淘汰制度，还积极地推行内部红蓝军制度，即所有产品的开发、政策制度的推出，都必须由专门的蓝军进行"攻击"，只有"攻不倒"的产品和制度才可以在华为推出。

成功运用这些政策的企业家，未必一定都知道他们运用的是达尔文的进化论思想，但是他们的做法和理念无疑都暗合了进化论的思想。

莱绅通灵也将对所有管理人员的"阴阳之道"能力进行培训和管理，所有员工都要进行绩效、企业文化考核的271排序，所有可以进行PK的部门和项目，都要创造条件进行PK。

对于不能进行PK的部门，我也有两个建议。第一，防熵部要扮演"蓝军"角色，在内部先进行"攻击"，只有"攻不倒"的政策和产品，才可能有市场竞争力，否则必然被市场打倒。第二，可以和外部相关公司进行对标。

总之，没有条件时，创造条件也要开展进化管理。不是经过比赛取得的胜利，不值得一提。没有对手的冠军，毫无价值。

进化型组织借假修真，员工是最大受益者

当今社会，竞争无处不在。当一个客户顾问站在商场柜台前时，他面临着同一个商场几十个品牌的竞争，而当客户在网络上消费时，客户有几百甚至几千、几万个品牌可供选择。每个品牌都在面对无数个品牌的竞争。

好业务是生长出来的，人才也是生长出来的。员工拒绝竞争就等于宣布拒绝成长。

竞争和进化论是社会的底层逻辑，是万物的"第一性原理"。我们与其逃避竞争，不如拥抱竞争。

在进化型组织中，优秀员工可以通过各种竞赛充分展现自己的真实能力，进而拥有更多成长机会和更多资源。

相对落后的员工，通过对标竞赛，可以得到及时反馈，然后通过复盘、反求诸己，自己积极纠偏，向高手看齐，迅速提升自己的能力。

即便部分成员不能跟上组织发展的步伐，最终被淘汰，他们也会在进化型组织中得到提高和锻炼，提升自己在社会上的竞争力。

在进化型组织里，各种竞赛的本质是借假修真，通过各项工作载体这些"假"，最终修炼出自身本领这个"真"。

第 28 课
Lesson 28

管理最重要的两件事：调整结构和设计模型

著名管理学家法约尔认为管理包括五项主要职能：计划、组织、指挥、协调、控制。

然而在我看来，如果从另外一个角度进行思考的话，管理当中最重要的事只有两件：第一调整结构，第二设计模型。

结构决定行为，行为决定结果

世界上万事万物的形成都是由它背后的结构所决定的。哪怕是世界上著名的三大文化，农耕文化、游牧文化、海洋文化，它们的形成也是由各自背后的"生存结构"所决定的。

东方的农耕文化，以土地为生产资料，资源掌握在老一辈人手中，这样的"生存结构"孕育出以孝和中庸为主的东方文化。农耕文明以土地为中心，人们不迁徙，是熟人社会，所以不需要契约，家里的事由长者说了算，社会上的事由长老和官员说了算。

西方的海洋文化，土地资源匮乏，人们要带着葡萄酒和橄榄油去远方做生意，做生意就要和陌生人打交道，和陌生人打交道就要讲究平等和诚信，平等在今天就体现在政治制度中的选票制度上，而诚信体现的是人们普遍具有的契约精神。

游牧民族生活在人烟稀少的大草原上，生产资料极其匮乏，于是孕育出了他们生性好客、骁勇善战的民族特点。

三大文化之间的差异，其实是它们背后的天然的生存结构这个"因"所结出的"果"。

三个层次看待世界

不同层次的人，看到的是不同层次的世界（见图28-1）。

第一个层次是"现象"。现象是事物最表面、最外在的表象，其中有的是个别事件，有的是有规律的，但总体上是杂乱和繁多的。

第二个层次是"模型"。模型是导致现象出现的原因。模型有主动设计的，也有自发形成的。从某种角度来说，没有模型也是一种模型。

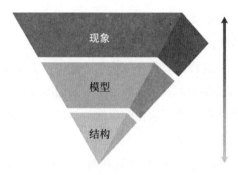

图 28-1　观察事物的三个层次

第三个层次是"结构"。这里说的结构，是系统间主要要素的组合方式。各种组合方式会产生相应的"必然导出"，即不同的结构会产生不同的行为，不同的行为会带来不同的结果。

既然一切都是由结构决定的，那么作为企业的领导者，特别是高级领导者，在管理中要重点关注结构的调整，结构如果差之毫厘，结果一定失之千里。

管理中的结构是系统间主要要素的组合方式。改变组合方式会产生不同的"必然导出"。

比如在莱绅通灵，采购管理过去一直是老大难问题。过去公司的采购和大部分企业是一样的，一部分员工负责采购，另一部分员工负责核价。

这样的结构看似合理，符合规范，但是却没法堵住漏洞。第一，采购人员如果已经采购了，再去核价，即使核出问题，公司也已经遭受损失了。第二，如果采购人员和供应商真的有猫腻，核价人员很难发现，供应商一定会配合采购人员进行隐瞒。第三，市场价格变化很大，核价人员核出的价格和当初采购人员采购的价格可能有很大差异，到底以谁的价格为准？

为了彻底消除公司采购管理的痛点，我决定改变采购工作的结构，把原来的核价人员变成采购二组，让他们和原来的采购小组进行"竞标"。

原来采购工作的结构是：一方先采购，另外一方再核价。改变后的结构是：两个小组同时询价，公司作为使用方根据它们各自找到的供应商提供的价格、质量服务等条件进行招标。通过对采购工作的结构调整，可以将采购的价格、质量和服务等众多要素同时放在桌面上进行对比，避免了很多扯皮和猫腻。

管理问题的解决方案分为两类，一类是症状解，还有一类是根本解。

症状解就是只在表面上解决问题，而没有在结构上解决问题。比如一个人发热了，医生给他开一些退烧药和止疼药就是症状解。

找到发热的原因，消除炎症才是根本解。发热是生病的表象，炎症才是原因，消除炎症是一种解决方案。可是炎症为什么会产生，如果能找到背后的原因，就可以给出更好的根本解。如果炎症是受寒导致的，那么祛寒才是最好的方式。我们在采用症状解的同时，要尽量找到问题背后的结构性原因，通过调整结构从根本上解决问题。

在很多企业，员工都是"眼睛看着领导，后背对着客户"。这是金字塔型组织的弊端，因为在这样的组织架构里，权力和资源都在上级手中，这种组织结构决定了员工必然会有这种行为。

要扭转这种状态,让所有职能部门的全体员工都为销售一线的小伙伴服务,就必须调整组织结构和权力结构。在莱绅通灵,CEO手中没有权力,各职能部门的绩效评分绝大部分都是由销售部门来评。当公司把权力交给了销售部门,销售部门有了可以决定职能部门的"生杀大权"时,职能部门的员工自然会关注销售一线的需求。

这种调整就是权力结构的调整,这种调整改变了职能部门的行为。

模型让管理变为科学

古希腊数学家阿基米德说,给我一个支点,我就可以撬动地球。和亚里士多德的"第一性原理"类似的学说现在也风靡世界商业界。这些学说属于哲学范畴的观点,虽然是正确的,但是要用在实际工作中,还需要把它们转换成具体的工作模型。

就如当年的任正非虽然有"以客户为中心""以奋斗者为本"等管理思想,但是这些思想并不是实实在在的管理工具,所以华为需要重金聘请IBM的专家给他们做咨询。

IBM给华为带去的是具体的管理模型。

从结构到模型,是从哲学到科学的过程;从现象管理到模型管理,是从艺术到科学的过程。

结构有了,只是使管理有了一个正确的方向和一个良好的起点。结构好比指南针,借助它我们可以做正确的事,而模型好比地图，借助它我们可以把事情做正确。

当年华为花 3000 万美元从 IBM 引进的业务领先模型（Business Leadership Model，BLM），源自 IBM 的一套完整的战略规划模型，这套模型是 IBM 在 2003 年研发的。华为当年重金导入的还有集成产品开发（Integrated Product Development，IPD）模型，IPD 的思想源自美国 PRTM 公司。

正是这些模型让任正非的管理思想得以落地，转换成可以具体执行的流程和员工的行动依据。

中国不乏志存高远的企业家，但是能把管理思想变成管理工具、管理模型的企业家不多，所以很多企业家变成了草莽英雄。这些年，之所以众多企业在国际上崭露头角，很重要的原因是它们知道了管理思想不能代替管理工具，管理哲学要落实为管理科学。

在对管理模型的认识上，我自己也走了很多弯路。过去我对管理模型虽然有一定认识，但还是认识不足，没有把模型管理作为战略工作来抓，所以企业很难做强做大。

痛定思痛，2019 年公司成立了专业的模型管理部门，负责管理全公司的工作模型和流程。部门命名为"成功前置部"，意思是如果没有模型前置，任何工作都难以成功。成功前置部每个季度都会对公司所有部门的流程进行评估。而且，公司对所有管理人员都有"模型力"评估（在公司管理人才五力评估中就包含模型力）。

模型对于管理之所以重要，是因为模型是基于总体思考而设计的，综合考虑了前人经验、公司战略和实际执行能力。模型兼顾了节约性、目的性、便利性、可达成性、可控制性等要求。另外，公司的管理模型都是通过明确的文字和图形呈现出来的，容易学习和传播，不容易有歧义，在执行过程中也容易复盘和不断优化。

模型，让偶然变成必然。

如果不通过模型进行管理，就是在现象层面解决问题，是不稳定的、混沌的、艺术的。

结构如果不能转换成模型，就停留在理念、口号的层面，工作只能凭感觉了。如果不用模型去工作，我们的工作很可能是救着今天的火，埋着明天的雷。

没有模型，每个人都只能"自由发挥"，管理就停留在艺术的层面，而艺术是很难管理和复制的。而有了明确的模型和流程，工作就有了依据和标准，就把管理艺术变成了管理科学，可以控制，可以复制，也在很大程度上可以验证。

企业管理不仅需要大的战略执行模型，还需要小的模型；不仅需要横跨所有部门的模型，还需要员工报销、会议组织等小模型。

在莱绅通灵，模型管理工作是重要的战略之一，公司先后引进了 BLM 和 IPD，而且每个部门负责人也都肩负着部门的模型开发和执行工作。

现在科技的发展速度很快，市场瞬息万变，公司内的模型也必须顺应市场的变化。莱绅通灵的每一次工作复盘，除了业务复盘、人员复盘外，都必须有工作模型复盘，审视模型还有哪些需要优化的地方。

优秀组织殊途同归

经常在管理论坛和课堂上听到人们拿华为模式、阿里巴巴模式、海尔模式进行对比，讨论孰是孰非。

在我看来，它们的管理基本结构都是类似的，都是以客户为中心，奖励多做贡献的员工。其不同之处在于，它们根据自身的行业特点、不同的发展阶段，以及自己的使命、愿景、价值观，选择了不同的管理模型。

说结构和模型重要，并不是说企业的文化、战略等其他管理工具不重要，而是说企业的执行系统如果不是建立在结构和模型之上，管理将没有着力点。

一块石头可以改变一条河流的走向。我们只要把空调的风叶稍微做些调整，就可以完全改变空调的风向，这就是结构的作用，而做出空调的风叶需要好的模型。

企业的最高领导者的工作重点不是去抓具体业务，而是结构设计（包括组织结构、业务结构、激励结构、控制结构等的设计）和模型设计（包括战略模型、运营模型等一系列模型开发、设计和持续优化）。具体业务的负责人，是模型开发和优化的重要责任人。模型设计不仅能提升当下的业务能力，还能提升企业未来的竞争力。基层领导的主要任务是执行模型，并在执行过程中提出优化模型的建议。

给我一个杠杆，我就可以撬动地球。杠杆的原理是一种结构，而制造出这样的杠杆，就需要模型。

用结构驱动行为，是做正确的事；用模型去规范行为，是把事情做正确。

第 29 课
Lesson 29

最好的管理是"不管理"

　　小学语文课本里有作家夏衍的一篇文章《种子的力》，这篇文章给我留下了深刻的印象。其中有一句话是这样的："世界上力气最大的是植物的种子。一颗种子可能发出来的'力'，简直超越一切。"

　　我认为夏衍所说的"种子的力"，是一种大自然的生命力，在所有的生物中都蕴含着这种力量。有时它体现在物理的力量上，但更多的时候，它体现在生命力、竞争力、适应力等各个方面。

　　管理，只要顺应员工生命中天生的生命力和进取心，就可以了。

道法自然

老子在《道德经》里说："人法地，地法天，天发道，道法自然"。老子说的"自然"，是自然而然的意思，是说宇宙万物都要遵循事物的发展规律。那么我们在管理中只要遵循人性，遵循事物的发展规律，很多事情、很多目标自然就会实现。

唐代的柳宗元写过一篇文章《种树郭橐驼传》，文中主人公郭橐驼种树特别厉害，他种的树从来不死，而且长得很茂盛。有人问他种树种得好的原因，他回答说，我不是能够使树木活得长久而且长得很快，只不过能够顺应树木的天性，来实现其自身的习性罢了。

《种树郭橐驼传》这篇文章反映的是老庄无为而治的思想。与种树的郭橐驼类似，在现实工作中，我们也应该顺应员工的天性。只要把少数关键工作做好，员工自己就会向上发展，因为每个人本身都有这样一种天性。

无为而治说的并不是什么都不做，而是要顺应人性，这是积极的消极，不是消极的消极。

《种树郭橐驼传》中还有一个潜台词，就是树苗很重要。如果找来的树苗是一棵歪脖子树，它肯定长不成参天大树。

找到好树苗是特别重要的事情，当找到好树苗之后，我们的任务就是创造顺应它的本性的生长环境。

在管理的过程中，我们往往过度在意短期目标，这实际上是一种不自信的、不科学的管理方法。我们要思考，在组织成长过程中，哪些动作是多余的，哪些动作是必不可少的。

复杂源于简单

世间万物看似复杂,其实都是由简单的规律所构成的。正如老子所说:"道生一,一生二,二生三,三生万物。"

在电视上我们都见过海里的沙丁鱼群,沙丁鱼群梦幻般地飘来飘去,有人指挥它们吗?没有。但是很奇怪,一条鲨鱼过来吃它们的时候,它们会怎么样?它们会非常完美地散开,很完美的一个圆形,散开了,那么多沙丁鱼,它们完全不会碰撞在一起,然后那条鲨鱼从中间穿过去,什么也没吃着。

沙丁鱼完美地躲避鲨鱼的攻击,这种行为叫作自组织,它是一个由简单的规则所产生的复杂集体行为。

科学家进行模拟试验,用箭头代表沙丁鱼,在屏幕上画了很多箭头,然后给每个箭头编程。科学家观察发现,沙丁鱼的思维很简单,只能遵从最简单的要求,所以就给箭头输入这样的规则:①紧跟前面的箭头,②跟两边的箭头尽量保持等距离,③一旦和旁边的箭头靠近了就立即分离开。科学家把这三条规则输入给这些箭头以后,再给第一个箭头一些初始动能,推它一下,这些箭头就像沙丁鱼群一样,在屏幕上飘来飘去,很美。再用光标模拟鲨鱼,这些箭头必须躲开它。当把光标推向箭头的时候,所有的箭头都自动避开,而且相互不会碰撞,因为它们的规则很简单,只有这三条。

简单的规则经过叠加和大量复杂的运算,就会导致极其复杂的行为。这种没有中心化的指挥的行为,被称作自组织。

这种基于简单规则所产生的难以预测的复杂行为,在系统或宏观层面，有时也被称作涌现，或群智涌现。

管理一个组织，看似复杂，但是领导者只要坚持几条最基本的简单规则，就可以使组织成员在大量重复的行动中涌现出超乎我们想象的特别智慧。

阿里巴巴的管理精髓就是著名的三板斧。头部（高层管理人员）的三板斧是：定战略、造土壤、断事和用人。腰部（中层管理人员）的三板斧是：懂战略、搭班子、做导演。腿部（基层管理人员）的三板斧是：招聘与解雇、建团队、拿结果。阿里巴巴通过对上、中、下每个层级的管理人员制定出最简单的规则，并且坚持这些规则，就让整个组织涌现出极大的创造力和执行力。

在莱绅通灵，我也致力于把整个公司的管理建立在最简单的几条规则上。在公司经营上，管理层要聚焦于文化、战略和组织建设。在管理上，所有管理人员要聚焦于他们的"五力"评估和提升。

组织也有"遗传算法"

美国复杂系统前沿科学家梅拉妮·米歇尔在《复杂》一书中介绍了"遗传算法"。

人类在进化过程中，父亲提供一半的基因，母亲提供一半的基因，拼在一起发生遗传变异，在进化当中不断地筛选适应生存发展的亮点基因，一代代越来越好。虽然生物最早来源于类似细菌的低级生物，但就是通过这样长期的遗传变异，衍生出了人类这样的高等生物。了解了进化论知识后，我们就知道复杂体系原来是按照最简单的规则不断迭代出来的。

所有伟大的企业也都是一代一代演化出来的。与生物进化相比，企业的进化要快很多。

比如有的企业只做年度人才评估，相当于每年做一次人才迭代，那这个企业就是一年进化一次。如果这个企业按季度进行人才评估，相当于每季度做一次人才迭代，那这个企业就是一年进化了四次。如果这个企业按月度做人才评估，每年就进化了十二次！

企业要发展，就要有一个一致的进化方向，否则，怎么知道什么是亮点基因，怎么知道企业要确立淘汰什么行为。最重要的，作为一个领导者，还要确定哪些行为是需要保留的，哪些行为是需要鼓励的。这才是核心，也是最简单的规则，而不是手把手地教员工具体做什么事情。

遗传算法对我们的工作有没有帮助？樊登读书会创始人樊登说，他总是对所有员工强调寻找亮点很重要：只要把最亮的点拼在一块儿，找到更多的亮点，企业进化就更快。这就是从遗传算法当中所学到的东西。

寻找亮点，是领导者最重要的事情之一。每个生物体内有无数的基因，只有极少数基因会发生突变，有的变好，有的变差。企业内的亮点，就相当于好的基因突变，领导者要善于抓住亮点基因，把亮点基因放大，并遗传下去，让亮点基因成为组织的基本标配。

遗传算法现在已经有了大量的应用，我们平时用的手机、App、汽车、家用电器，几乎万事万物都在通过遗传算法不断迭代。

即便像人这么复杂的生物，也不过是持续地按照"遗传变异、物竞天择、适者生存"这样最简单、最关键的三条规则进化而来的。

了解了生物进化遗传算法，领导者应该更加坚信，企业只要坚持不断地做淘汰"劣质基因、放大亮点基因"这个"少数关键"行动，企业一定会强大起来。

生物进化遗传算法给我们的另外一个启示是，我们每个人和企业的起点在哪里并不重要，重要的是我们进化的速度要快，迭代的速度要快。别人虽然强大，但是如果我们的迭代速度比别人快，很快会追上别人。反之，我们现在虽然比别人强大，但是别人的迭代速度比我们快，我们很快会输掉竞争。

领导者做园丁，而不是做英雄

最好的管理是"不管理"，不管理不是什么都不做。

建筑师在建房子的时候，一定先搭建好脚手架。火车要开到一个地方，铁轨必须先铺设到那儿。我们不能指望没有脚手架，房子就建成了，也不能指望火车能开到铁轨没有铺设到的地方。

在莱绅通灵，有一个岗位叫"关键行动与成就官"，其职责就相当于铺轨道、搭脚手架。

"关键行动与成就官"的工作是推动各部门的关键价值观的考核、关键组织心智的统一、关键工具的运用、关键会议的有效召开、关键行动的落实执行。当这些"少数关键"工作都能结构化落地，部门的业绩自然就可以得到保证，最终帮助员工实现自我成就。

如果每个员工的关键事项都能适时做到位，业绩也就可以得到保证。

组织要通过少数关键的行动，来点燃员工生命中自带的能量，让员工自发努力，自发成长。

员工是能够自己成长的，而领导者最重要的工作是做组织环境的缔造者，去维护一个良好的分享信息、共享目标的氛围。

工作确实是件辛苦的事，可是有很多高手在工作时如闲庭信步，并在事业上做出了很大成绩。当我们觉得工作难、工作累时，可以停下来思考一下我们是不是把力量用错了方向？

在《庄子·养生主》中，梁惠王问庖丁："你解牛的技术怎么竟高超到这种程度啊？"

庖丁说："我追求的，是自然的规律，已经超过一般的技术了。起初我宰牛的时候，眼里看到的是一只完整的牛；三年以后，就再未见过完整的牛了，只看见应该怎么样去解。现在，我凭精神和牛接触，不用眼睛去看，我的感官停止了活动而精神在活动。我依照牛生理上的天然结构，将刀砍入筋骨相接的缝隙，顺着骨节间的空处进刀。这样，依照牛体本来的构造，筋脉相连的地方和筋骨结合的地方，尚且不曾拿刀碰到过，更何况大骨呢！"

庖丁说："技术好的屠夫每年更换一把刀，他的刀是割筋肉割坏的，他用刀割筋肉就像我们用刀割绳子一样；技术一般的屠夫每月就得更换一把刀，他的刀是砍骨头砍坏的，因为他不知道该怎么砍，所以很容易砍到骨头。如今，我的这把刀用了19年，所宰的牛有几千头，但刀刃仍然锋利得像刚在磨刀石上磨好的一样。牛的骨节有间隙，而且刀刃很薄，用很薄的刀刃插进去进行分割，绰绰有余啊！"

庖丁的刀之所以将近20年都不坏，就是因为他顺应了"自然"。我们之所以感到管理累和难，往往是因为我们没有顺应员工的人性。如果领导者能顺应人性，利用人性，他的工作就可以如庖丁解牛那般游刃有余。

每一颗小小的种子都拥有巨大的能量，而人的能量更是巨大，事实证明，卓越的领导者通过少数关键行为就可以引爆员工的"能量炸弹"。

第 30 课
Lesson 30

关注亮点员工，用他们去点亮组织

在组织变革过程中，大部分人看不到或者看不清变革的方向，而且变革会让很多人走出舒适区，但是大部分人习惯于路径依赖，不愿意走出舒适区，所以管理人员要善于发现亮点员工，用亮点员工点亮团队。

找到"相信"的人

组织变革的难点在于最初如何破局。作为领导者，先要找到那些相信你能成功变革的少数人。变革是打破原来的成功路径，走一条过去自己没有走过的路，显然大部分人是不愿意这样尝试的。但是在一个组织里，一定会有少部分不甘平庸、敢于挑战自己和尝试新鲜事物的人，这些人十分珍贵，是组织变革期间最宝贵的财富。

通灵珠宝在品牌战略升级期间，组织文化和内部管理也同步升级，绝大部分员工看不懂，看不清，不愿改。在此期间，原人力资源部一名模块负责人刘昆表现出了不同的工作状态，她更愿意变革，更愿意接受挑战。原运营部主管沈姣工作一贯积极认真，面对公司管理和文化变革，表现出拥抱变革，拥抱变化的态度。公司现在的首席增长官杨磊，2018年入职时任人力资源部门负责人，他刚入职就开始面对公司变革所带来的"暴风骤雨"时，虽然很不适应，但他深知这是公司蜕变所必须经历的阵痛。

正是这些少数愿意变革甚至积极拥抱变革的员工，组成了莱绅通灵变革的核心班底。

这些管理人员的共同特点就是马云所说的"相信相信的力量"。他们拥抱变化，并且推动变化。在当时的莱绅通灵，他们是最闪亮的员工，在他们的带领下，更多的员工被"点燃"。一两个员工可以点燃一个部门、一个团队。一个团队又可以去影响另外一个团队，正所谓"星星之火，可以燎原"。

日本经营之圣稻盛和夫说，物质有"可燃型""不燃型"和"自燃型"三种。同样，人也可以分为三种：第一种是点火就着的"可燃型"的人；第二种是点火也烧不起来的"不燃型"的人；第三种是自己就能熊熊燃烧的"自燃型"的人。领导者要先找到那些"自燃型"员工，通过他们去点燃"可燃型"员工，淘汰那些"不燃型"员工。

每个人的认知水平是不同的,而领导者的管理资源十分有限,如果把资源平均分在每个人的身上,收获一定很少,如果把资源都放在对末位的"不燃型"员工的改造上,更可能颗粒无收。我们要做的是发现亮点员工,给他们更多机会,让他们不仅自己会发光,还会点燃周边的人。

大部分员工未必相信上级的宣讲,但是会接受同类人的介绍。他们认为上级的宣讲是别有用心的,而同类的介绍是可信的。就如购物时消费者可能不相信广告,但是会相信朋友的推荐一样。

标杆引领

过去,莱绅通灵的专卖店经理或者区域经理在业绩不达标时总是喜欢说,别的店、区域也不达标。就像一些小孩考试成绩不好,父母说他,他就说,有的同学成绩更差。

通灵珠宝引入比利时王室珠宝品牌莱绅,对整个品牌进行战略升级,这对于公司来说,相当于做了一个大手术。过去的渠道、客户、供应商都不理解。最不理解的是公司内部的员工,他们已经习惯和适应了过去的工作方式,实施新的品牌战略需要员工进行知识升级、工作习惯升级,这对大部分员工来说比登天还难。

为了让员工尽快适应变革、拥抱变化,也为了消除员工和部门"相互比差"的恶习,我决定组织部分专卖店成立"标杆战区",由公司优秀战区负责人牵头进行管理。

在选择将哪些专卖店划入标杆战区时,先由各专卖店自己申报，然后公司再从中挑选出运营管理、客户体验、销售率达成等各方面最优秀的 15 家专卖店。

这些专卖店之所以最优秀，是因为他们的经理和整个团队都拥抱公司品牌升级和文化变革，他们是所有专卖店里最"相信相信的力量"的那部分人。公司挑选优秀战区负责人毛乔辉做首任"标杆战区"负责人。毛乔辉自身就是公司变革的拥抱者，是一个"相信者"和"亮点管理者"。

因为标杆战区的专卖店本来就特别优秀，又被寄予厚望，成为标杆，成为公司所有专卖店的"旗手"，所以它们的负责人更珍惜这样的荣誉，更愿意接受挑战。同时，公司承诺这些店铺的负责人有优先晋升和外出学习的机会。

这些标杆专卖店，不仅肩负销售提升的责任，还肩负创新实践和新业务探索的重要任务。

更重要的是，公司要通过这些"自燃型专卖店"去影响更多"可燃型专卖店"。公司专业部门，通过对这些专卖店的实践进行总结，提炼出很多宝贵的经验，这些经验因为是来自实战的，所以都可以非常好地进行复制和推广。

同样的品牌，同样的商品，在标杆战区可以取得优异的业绩，那些销售比较差的专卖店再也没有理由"相互比差"了。

变革对于直营店是困难的，对于加盟商来说更是难上加难。部分加盟商更重视短期回报，在管理和变革上不愿做更多投资，习惯抱着品牌大腿、安于现状、坐享其成。

公司根据直营标杆专卖店的成功案例，迅速成立加盟标杆专卖店项目，选出 11 位相信公司战略、公司文化的加盟商的 15 家加盟标杆专卖店，组成"加盟标杆战区"，由公司优秀战区负责人肖丽萍任负责人。肖丽萍也是公司变革的"相信者"和"亮点管理者"。

肖丽萍上任后，走访所有标杆专卖店加盟商，向他们介绍公司变革和品牌升级的意义，并且组织多场培训和公司文化共识营，躬身入局，解决标杆专卖店的实际问题，再加上所选择的加盟商本来就求变求新，提升经营成果的愿望比较强，所以肖丽萍上任后，加盟标杆战区总体销售业绩提升很快，业绩和管理都迅速达到公司的要求。经过半年多的经营，目前直营标杆专卖店的销售增长比直营非标杆专卖店高23.1%；加盟标杆专卖店的销售增长比加盟非标杆专卖店高32.9%。

无论是直营标杆战区还是加盟标杆战区，都成了公司变革的引领者，它们不仅自身销售业绩和管理水平不断提升，还影响着其他非标杆战区。公司现在大部分创新工作都先放在标杆战区做试点，成熟后再在全公司推广。

标杆项目负责人的任务不仅是提升标杆专卖店的业绩，还要找出标杆专卖店销售提升的原因，总结出好的经验，发现它们"做对了什么"，然后把这些经验模型化，推广到更大范围，让更多专卖店可以提升运营能力和销售业绩。

标杆专卖店不仅成为公司所有专卖店的标杆，还是公司后备管理人员的蓄水池，标杆专卖店的负责人可以得到更多的培训，也会有更多的发展机会。

用机制激活更多亮点员工

企业经营管理破局难，从0到1最困难。如何破局？关键是要找到企业里那些珍贵的"相信相信的力量"的人。辨别那些"相信"的人,不能光听他们说,关键要看他们怎么做。标杆一定不是树出来的,而是赛出来的。

杰克·韦尔奇说,区别对待员工,是他最大的管理秘诀,他用"271活力曲线",把最好的人挑选出来,为他们创造条件,让他们承担更大的责任,激励他们取得更大的成功。杰克·韦尔奇绝不采取"平均主义"和"大锅饭"。

在我看来,通用电气确定271活力曲线中的前20%员工的过程,就是动态发现标杆、奖励标杆的过程,虽然通用电气没有用"标杆"这个词,但是前20%员工实际上起到了标杆的作用。

在莱绅通灵,重要的项目都要进行271活力曲线排序,但是排序的目的不只是淘汰后10%的员工,更重要的是要起到向员工反馈业绩的目的,让员工及时知道自己在组织中的位置,便于他们及时调整状态。

在271排序中,处于前20%的员工,公司不仅会奖励,还会给予他们更多分享的机会。这些亮点员工的分享比上级领导的"教育"更能打动员工的心,亮点员工的分享是非常宝贵的资源。相对于上级领导的宣讲,员工更相信亮点员工的口碑,他们的分享是最有价值的传播。

相信不是盲目的相信

我在"东塾堂"的课堂上,给公司管理人员讲了古希腊哲学,介绍了西方哲学的精髓就是理性主义。所谓理性主义,就是"做事前逻辑先行",强调"必然导出"。学员听完这些课后都很惊讶,他们说,原来公司提倡的"相信相信的力量",不是盲目的相信,而是在开展工作前有严密的逻辑推演,做了专业的业务构思。所谓相信,是相信公司的业务构思和战略逻辑。

我想当年马云所说的"相信相信的力量",不是盲目要求大家相信,而是他综合了科技的发展、社会的进步、客户的需求等信息而得出的判断。

作为领导者,要和下属反复沟通,说明公司业务的逻辑和战略规划,当员工明白了公司整体业务框架,看清了业务发展的"必然导出"的逻辑,相信的人就会更多。员工相信了,就愿意投入精力和时间。员工愿意投入了,就会涌现出"亮点员工"。有了亮点员工,公司就要重点关注他们,让亮点员工点亮整个部门。有了亮点部门,就可以用亮点部门去点亮整个组织。

千里马常有,而伯乐不常有。现实中,亮点员工常有,而发现亮点员工的领导者不常有。

飞轮效应篇

从"做事"跃升到"做势"

- "做事",是在点上发力;"做势",是在系统(模型)上发力。

  "做事",我们看见的是树木;"做势",我们看见的是森林。

  "做事",是做具体工作;"做势",是构建飞轮、打造生态。

  "做事",是止步于"没做错";"做势",是力求"做对"。

  "做事",是战术性思维;"做势",是战略性思维。

- 每个员工都是产品经理,员工出的"活",要么是爆款,要么是庸品或者劣质品。爆款"活"出多了,员工就成了"爆款员工";庸品"活"出多了,员工就成了"平庸员工"。你要么成为爆款,要么被爆款取代。

- 只有熟悉感,没有意外感,就会变得俗气;只有意外感,没有熟悉感,就会变得另类。打造品牌的原则是:与其更好,不如不同。只有深度区隔才可能产生意外感。

第 31 课
Lesson 31

想成功，就要从"做事"跃升到"做势"

"事"和"势"的区别

世界上有两类人，一类人"做事"，另一类人"做势"。我之前和公司内部负责渠道的人员讨论，我们如何通过为渠道方（商场、购物中心）赋能来帮助它们提升业绩，如何通过为渠道方创造更多的价值来扩大我们的影响，以期实现双赢。

这项工作，公司在小范围内已经讨论过两三次。其背景是随着电商的崛起，传统的商场、购物中心受到很大影响，在新冠疫情中，这些线下商场和购物中心受到的冲击更是毁灭性的。面对这样的状况，它们积极自救，但效果有限。

莱绅通灵是主要依托商场和购物中心销售的比利时王室珠宝品牌，在国内疫情得到控制后，公司的销售收入迅速恢复，2020年3月恢复到上年同期的70%左右，4月恢复到上年同期水平，甚至还有所超越，五一期间销售收入超过上年，实现了两位数增长。莱绅通灵在南通地区大部分店的销售收入，在五一期间都比上年同期高出50%以上，相对于莱绅通灵的增长，南通地区其他珠宝品牌的销售收入几乎都是下降的，它们还处在"疫情时期"。

在国内疫情得到控制后，莱绅通灵的销售之所以能迅速恢复，并且超越大部分品牌，为渠道商带来亮眼业绩，得益于它在战略上坚持了自己独特的差异化品牌定位。

面对疫情的冲击，我相信渠道方一定很焦虑。我在思考，作为品牌方，我们可以为渠道方做些什么？

传统的商场和购物中心，虽然受到电商和新零售的冲击，但是它们的价值仍然是巨大的，它们占据了每个城市的中心地带，是人们了解时尚的重要场所，是商家为客户提供品牌体验的战略重地。

莱绅通灵的品牌升级，采取的重要策略就是通过客户体验的差异化来提升品牌竞争力，达到提升销售业绩的目的。

当我和公司内部负责渠道的人员讨论我们该如何赋能渠道方时，他和我说了很多将来要做的和正在做的工作。例如要把我们的业绩通报给更多的渠道方，加大和渠道方的沟通力度，争取让渠道方给我们更多的面积来展示我们的品牌形象等。他所说的仿佛都是我所需要的，不过和我真正想要的相比，还有很大的区别。

这个区别到底是什么呢？是"事"和"势"的区别。

在给渠道方赋能这项工作上，我的同事思考的是如何"做事"，而我思考的是如何"做势"。看似我们在讨论同一件事情，但实际上我们说的又完全不是一回事。

"做事"，是在点上发力；"做势"，是在系统（模型）上发力。

"做事"，我们看见的是树木；"做势"，我们看见的是森林。

"做事"，是做具体工作；"做势"，是构建飞轮、打造生态。

"做事"，是止步于"没做错"；"做势"，是力求"做对"。

"做事"，是战术性思维；"做势"，是战略性思维。

构建飞轮，把"做事"升级到"做势"

凡是成功的公司都会有意无意地构建起自己的飞轮。其中最著名的是亚马逊公司。贝佐斯在创业之初就开始构建亚马逊的"飞轮"：①降低所有商品的价格→②带来客户访问量的剧增→③吸引更多第三方卖家→④带来更多的优质品牌和商品→⑤带来更多的投资收益（见图31-1）。

于是，一条因果链出现了：①→②→③→④→⑤。然而最有价值的是，亚马逊的投资收益提升后，它可以进一步降低商品的价格，即⑤→①。这样，亚马逊就构建了一个首尾相连的飞轮闭环。

贝佐斯用一件件在外人看来毫不相干的"事"，最终构建起亚马逊公司飞轮效应的"势",让亚马逊成为零售业霸主,成为市值世界第一的公司。

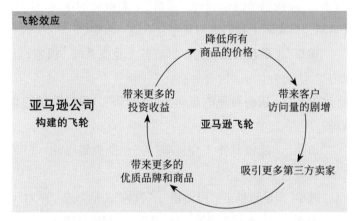

图 31-1　亚马逊公司构建的飞轮

我第一次了解"飞轮效应",是通过彼得·圣吉的《第五项修炼》一书,他在书中称之为"增强回路"。

增强回路,是因增强果,果反过来又增强因,形成回路,反复循环,不断增强,所以叫"增强回路"。

吉姆·柯林斯在《从优秀到卓越》一书中明确提出"飞轮效应"的概念。亚马逊的飞轮效应案例,让更多的人知道了飞轮效应的威力。

其实,飞轮效应的原理非常简单,就是我们常说的"良性循环"。

飞轮效应无处不在

从 2017 年开始进行品牌升级、文化变革时起,我就致力于在莱绅通灵形成飞轮效应。为了让员工对"飞轮效应"印象深刻,并且能把飞轮效应植入平常工作中,我把人力资源部更名为"飞轮效应中心",期望部门间的协作形成"增强回路"。

目前,公司已经在品牌和消费者之间形成飞轮效应:①王室品位珠宝→②增强对消费者的吸引力→③带来渠道影响力→④增加销售→⑤提升员工满意度→⑥更好地诠释王室品位(见图31-2)。

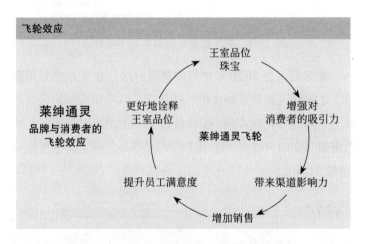

图 31-2　莱绅通灵与消费者的飞轮效应

公司和加盟商之间也开始逐步形成飞轮效应:①公司加大对加盟商的培训、赋能→②加盟商越来越理解公司战略的深层含义,更相信公司,更坚决执行公司战略→③加盟商效益提升→④品牌收益增加→⑤品牌可以给加盟商更多赋能(见图31-3)。

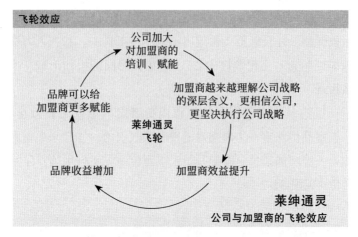

图 31-3　莱绅通灵与加盟商的飞轮效应

莱绅通灵在 2020 年进行的愿景升级,也是在把公司和员工之间的飞轮效应制度化、结构化。我希望形成的公司和员工之间的飞轮效应是:①成就员工→②员工得到成长,能力增强→③销售提升→④员工收入提高→⑤员工满意度提升(见图 31-4)。

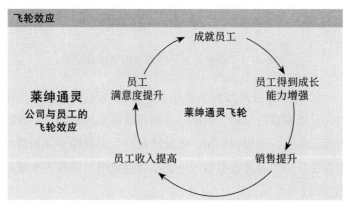

图 31-4　莱绅通灵与员工的飞轮效应

从"做事"到"做势",构建战略优势

"做事",是战术性思维;"做势",是战略性思维。当我们的工作停留在"做事"的层面,我们只见树木不见森林。当我们在工作时开始进行系统思考,并着手构建自己的飞轮时,我们就已经有了战略性思维。

就像我和渠道人员的讨论,我们说的话虽然都差不多的,可是我希望能在公司和渠道方之间构建一个增强回路的飞轮,而他是在思考如何解决当下的工作任务。我在努力"做势",他在努力"做事"。

"做事"的人做的"没有错",但"做势"的人并没有停留在"没做错"上,而是在思考如何"做对"。

和渠道方的"势"应该是什么样的?

莱绅通灵品牌升级为"欧洲王室品牌",是要进行差异化竞争,开辟珠宝市场的"蓝海地带"。

过去的中国珠宝市场,位居整个珠宝市场顶端的是卡地亚、宝格丽、蒂芙尼等国际顶级珠宝奢侈品品牌。下面就是由周大福、周生生、谢瑞麟、金六福、潮宏基、IDO、老凤祥等这些香港和内地珠宝品牌构成的"红海地带"。

如果一名消费者感觉这些内地或香港品牌的珠宝不能满足自己的需求,希望购买更高端的,就只能去购买国际顶级奢侈品牌的珠宝,可是它们的价格却差了好几倍。

消费者如果觉得卡地亚、宝格丽这些品牌的珠宝价格太贵,而希望购买拥有王室品位、又有欧洲文化积淀的珠宝时,选择会很困难。

莱绅通灵的差异化竞争策略,就是瞄准国际奢侈品和国

内奢侈品之间的"蓝海地带"(见图 31-5)。

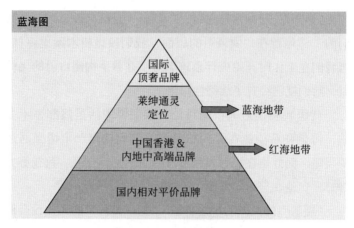

图 31-5　蓝海图

这几年线下商场、购物中心的衰落,除了受到电商冲击外,在我看来,更大的原因还是自身经营上的"短视"。商场引进的珠宝商品牌定位趋同,产品同质化严重,如果遮住品牌标志,消费者根本看不出各家的商品有什么不同。当商家不能为消费者提供差异化商品和差异化体验时,消费者转向价格更便宜、购买更方便的电商就成为必然。

好的品牌不仅能为公司、消费者创造价值,而且可以为渠道赋能。

大部分商场、购物中心是当地的时尚高地,莱绅通灵既是欧洲王室品牌,又有亲民的价格,和这些渠道完全可以形成良好的飞轮效应:①王室品位(差异化的品牌形象)→②激活其他珠宝品牌的创作热情→③吸引更多追求品位的年轻消费者→④带来渠道流量→⑤品牌和渠道方的收益提升

（见图31-6）。

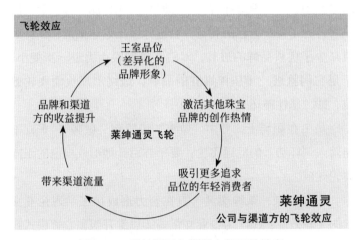

图31-6 莱绅通灵与渠道方的飞轮效应

经过公司和一部分渠道方的共同努力，莱绅通灵和它们之间的飞轮效应已经逐步形成。如南通的文峰商厦、南京的中央商场和百家湖金鹰、郑州大卫城，以及各地的苏宁百货、万达购物中心等众多渠道已经和莱绅通灵逐步形成了飞轮效应，我们带动了它们全场的珠宝品类销售，它们给我们提供了更多更好的渠道资源。

不过这个飞轮效应目前还不明显，还没有真正形成"势"，相信随着双方对"做势"价值的进一步理解，我所期待的飞轮效应的威力一定会显现出来。

"做势"的人稀缺，"坏势"的人不少

"做势"的人都擅长构建飞轮，但是如果对飞轮效应运

用不当，也可能造成反向飞轮效应。在我们和渠道方打交道的过程中，一些渠道在客流下降时故意压榨品牌方，而优质品牌方为了保护自己的利益，会选择撤出这些渠道，这些渠道缺少了优质品牌的进驻，对消费者的吸引力进一步变小，于是它们就进一步压榨进驻的品牌，最终形成负面飞轮效应，即"恶性循环"。

员工在职场上，要由"做事"进阶到"做势"，千万不能落入"坏势"的厄运飞轮，要千方百计地形成自己的正向飞轮效应。

多年以来，莱绅通灵一直在努力形成员工学习企业文化的飞轮效应：①学习企业文化→②思维升级和心智模式跃迁→③工作行为改变→④业绩结果发生→⑤个人收入提升（见图 31-7）。

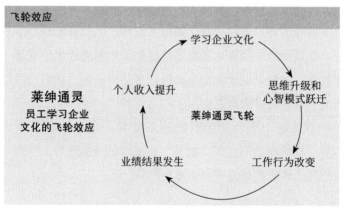

图 31-7　莱绅通灵员工学习企业文化的飞轮效应

"做势"的人往往是孤独的

大部分人关注的是眼前的得失,而失去了长期的发展机会。他们眼中的世界是物理的、具体的、片面的、割裂的、当下的。另一部分人,他们眼中的世界是形而上的、抽象的、全面的、相互联系的、未来的。

因为这两部分人眼中的世界是不同的,所以他们的行为也是不同的。

在工作和生活中,"做事"的人很多,"做势"的人很少。"做事"的人所做的事,大家都能看明白。"做势"的人所做的事,绝大部分人看不明白,所以"做势"的人注定是孤独的。

世界上如果真的有"卓越的人",那他们一定会在"做势"的人中诞生。

从"做事"到"做势"是一种思维的飞跃。天生习惯"做势"的人不多,可是通过后天学习、刻意训练,大部分普通人也可以培养出"做势"的思维习惯。

飞轮效应无处不在,我们的生活、工作、学习甚至交朋友,都可以构建属于我们自己的"增强回路"。当我们能把手中一件件孤立的"事",构建成一组组不断增强的飞轮时,我们的生活、工作、学习都会变得更精彩。

第 32 课
Lesson 32

成功不难,只要找到你的小飞轮

据我观察,成功的人和成功的公司,甚至是国家,在走向成功的道路上,绝大多数都运用了飞轮效应。

大三角飞轮效应

英国之所以能够成为 19 世纪的世界强国,很大程度上是因为它实施了欧洲、美洲、非洲大三角飞轮效应战略。大三角贸易是世界经济史上的一个重要概念,实际上就是 16~19 世纪欧洲商人在美洲、非洲和欧洲之间进行贸易,这三大洲连起来,正好是一个大三角。

大三角贸易的标准贸易路线如下。

第一步，欧洲商人把工业品、朗姆酒、枪支从欧洲运到非洲，在把这些东西卖了以后，就地购买黑人奴隶。

第二步，把黑人奴隶从非洲运到美洲，卖掉以后，购买美洲生产的糖、烟草和白银。

第三步，把美洲的东西运回欧洲卖掉，再采购欧洲的产品。这样的贸易循环就是大三角贸易。

基于此，英国的贸易就形成了一个不同于普通贸易的飞轮效应（见图32-1）。

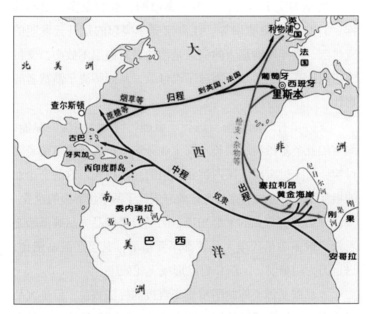

图 32-1　英国贸易大三角飞轮效应

飞轮效应的核心是相互赋能

"飞轮效应"是指一个公司的各个业务模块会有机地相互推动,就像咬合的齿轮一样互相带动。一开始,使这些齿轮从静止到转动需要花费比较大的力气,但每一圈的努力都不会白费,一旦转动起来,这些齿轮就会转得越来越快。

飞轮效应的核心是指:公司内各模块或者员工的学习、生活和工作之间相互赋能,相互促进,使自己和对方的业绩都得到提升。

当年淘宝上线时,与淘宝类似的企业有很多,如易趣网、3721网、慧聪网等。让淘宝异军突起的是马云发明的支付宝,当年网购最大的痛点是消费者对商家不放心,支付宝可以让买家见了货、满意了再付款,从而解决了消费者的担忧。

支付宝有效地对淘宝进行了赋能,因为支付宝的赋能,淘宝的业务呈指数级增长。淘宝业务的增长又反向赋能了支付宝,让支付宝成了国内首屈一指的金融机构。这两个企业的相互赋能所形成的完美飞轮效应成就了两个世界级的企业。

熟悉广告行业的人都知道,明星对奢侈品大品牌都趋之若鹜,很多明星代理大品牌都不要报酬,甚至还倒贴资金,这是因为明星要让品牌和自己形成飞轮效应。

大品牌虽然不能给明星带来直接的经济效益,但是大品牌的高度和热度可以给明星带来光环,光环可以给明星带来其他代言业务,这些代言业务又可以让明星在奢侈品大品牌那儿更有影响力,从而形成明星的飞轮效应。

个人要想成功，也需要形成自己的飞轮效应。很多员工认为只要自己努力工作就可以了，但其实一个员工在职场上的成功需要众多要素的支撑，单纯靠提升业绩其实很难成功。成功的人往往都能充分利用飞轮效应。

你的飞轮在哪里

在莱绅通灵，学习公司文化和工作之间已经形成了良好的飞轮效应。我们的公司文化不是简单的说教，也不是心灵鸡汤，而是实实在在的成功者的心智模式和方法论。

员工学习和掌握了这些心智模式和方法论，会对提升工作业绩有很大帮助。工作业绩提升后，员工又会对公司文化有更深刻的体会。对公司文化体会得更深刻，会继续促进工作业绩的提升。工作和学习相互赋能，呈现良性发展，飞轮效应由此显现。

工作中，飞轮效应无处不在。莱绅通灵的使命是"赋能王室品位"，我们如果能把这个理念传递给商场，用我们的品牌定位获取好的渠道，好的渠道可以带来好的业绩表现，好的表现会吸引好的员工，好的员工又可以带来更好的业绩表现，好的业绩表现又可以获得更好的渠道资源，飞轮效应的效果就会显现出来。

公司部门间的飞轮效应也无处不在。以商品供应链部和各增长战区为例，商品供应链部给增长战区提供畅销的货品，门店销售得就快，门店销售得快，供应链的商品周转率就高。两个部门就形成了相互赋能的飞轮效应。

双赢思想是形成飞轮效应的开始

智者善于形成飞轮效应。要想形成飞轮效应,需要有大局观,能够系统地、全面地看待世界,能够深刻领会为别人赋能的本质就是为自己赋能。要想形成自己的飞轮效应,一定要有双赢思想,当两个以上的主体都有双赢思想的时候,飞轮效应就容易产生了。

我们的工作一旦着眼于飞轮效应的形成,我们的认知水平将随之提升,我们就能在更高的层次上开展工作了。

第 33 课
Lesson 33

揭秘莱绅通灵战略飞轮

很多人觉得工作、生活很累，学习也很累；另外一些人觉得工作、生活和学习都很轻松，谈笑间就取得了很大的成就，什么都不耽误。

有成就的人多数是飞轮效应运用得非常好的人，甚至能够运用多边飞轮，形成生态化经营。马云就是运用飞轮效应的大师之一。阿里巴巴所有的业务都是相互赋能的，从而组成了阿里巴巴的生态产业圈。马云和他的企业也是相互赋能的，他的个人影响力推动了企业发展，企业发展又进一步扩大了他的个人影响力。

飞轮效应不是大企业、大人物的专利，它是每个人都可以运用的跃迁工具。不是大人物才能运用飞轮效应，而是飞轮效应使小人物成为大人物。

飞轮效应六要素

我们如何在工作和生活中运用飞轮效应呢？我总结了飞轮效应六要素。

第一，要有整体思维。每件事都是一个系统，每个系统都有其自身的发展规律，每个系统又是由若干个子系统构成的。比如说一个人的身体，它就是由呼吸系统、消化系统、神经系统等子系统构成的。再如一个专卖店，它是由人、货、场和品牌等子系统构成的。这些子系统之间相互关联、相互影响，可以形成飞轮效应。

第二，要有多赢思维。各系统之间的关系，不是零和博弈的关系，而是一荣俱荣、一损俱损的关系。赋能别人就是赋能自己。

第三，要率先行动。工作中我们经常会面对先有鸡还是先有蛋的困惑，都怕自己先投入了，但是得不到理想的回报。在飞轮还没有转起来之前，就应该主动行动、主动施力。要相信自己的行动会影响别人，一旦我们感染了别人，开始产生互动，飞轮也就转起来了。

第四，理解时间滞延。任何事情都不是一蹴而就的，在构建飞轮效应的过程中，既会有时间滞延效应（从投入资源到产生效果需要一定的时间），也会有从量变到质变的过程。刚开始推动时一定又累又重，但是只要坚持下去，轮子一旦动起来，就会越转越快，最后形成飞轮效应。

第五，优化不合格伙伴。飞轮效应是多边合作，现实工作中不是每个员工都是合格的，对于实在不愿意配合或者没有能力配合的员工，要及时向有关部门提出，我们不能把有限的精力消耗在没有产出的人身上。

第六，回顾、复盘。飞轮效应中的飞轮双方（或多方）互为客户，相互赋能。所以我们要不断从对方的角度来审视自己的工作，检验自己的工作。要让这些检验固定化、结构化（约定时间相互检验），从而提升飞轮效应的效率和质量。

飞轮效应是互为杠杆

飞轮效应和过去企业提出的协作、双赢、赋能等理念有许多共同点，但也有明显区别，其主要区别如下。

第一，互为杠杆。在飞轮效应中，只有互动双方互为杠杆、相互加力，才能越转越快。

第二，利人利己。在飞轮效应中，你在为别人赋能，别人也在为你赋能，在你成就别人的同时别人也在成就你。

第三，良性循环。飞轮效应因为是相互赋能，所以容易形成良性循环，并且效率会越来越高。而且因为对双方都有利，所以监督成本也比较低。

揭秘莱绅通灵战略飞轮

> 对于成功的坚信不疑时常会导致真正的成功。
>
> ——西格蒙德·弗洛伊德

飞轮效应是工作、生活和学习中常见的一种运行模式，我们只要稍加关注，就会发现它随处都可以运用。比如服务者和被服务者之间、上下级之间、部门之间、公司和员工之间、公司上下游之间、朋友之间、夫妻之间、父母与孩子之间等。飞轮效应既可以是双边飞轮，也可以是多边飞轮，甚至所有关系都是由飞轮效应组成的生态组合。

飞轮效应也是一种高级博弈战法，它是世界各大顶级公司的核心战略思想。例如亚马逊、麦当劳、苹果、腾讯、阿里巴巴、华为、小米等，它们的成功无不贯穿着飞轮效应和生态经营思想。

公司成功的公式是：成功 = 竞争战略 × 组织能力 × 员工意愿 × 公司文化

如何解决市场竞争力问题

莱绅通灵的第一大战略是：赋能王室品位。王室品位是莱绅通灵最大的品牌资产，是公司最重要的战略要素，是公司品牌区别于其他品牌的重要价值体现。王室品位，让莱绅品牌可以给我们的客户、经销商、渠道、供应商和员工赋能。公司所有的工作都是围绕王室品位开展的。王室品位是公司一切工作的出发点和终点。

如何解决组织能力问题

莱绅通灵的第二大战略是：构建公司全飞轮生态系统。除了销售部门外，公司的其他部门都是支持和服务部门。支持和服务部门与销售部门的相互赋能、支持和服务部门之间的相互赋能，直接影响公司的效率和市场竞争力。公司飞轮生态部的使命是构建公司的全飞轮生态系统。公司要想成功，离不开组织能力和公司全飞轮生态系统的构建，这是提升公司组织竞争力、推动王室品位为消费者赋能的重要战略。

如何解决员工工作意愿问题

莱绅通灵的第三大战略是：创建平台型组织。创建平台型组织的目的，是让员工在公司这个平台上发展，在公司这个平台上创业，利用公司的品牌、渠道、资金等资源实现自己的梦想。在平台型组织中，要求员工改变打工心态，做自己事业的老板，实现员工和公司的双赢。平台型组织战略解决的是员工工作意愿的问题，员工和组织是合伙人关系，多劳多得，不劳不得。

如何解决持续发展问题

莱绅通灵的第四大战略是：强化公司文化。任何公司的持续发展都离不开它的文化。莱绅通灵的文化由使命、愿景、价值观和公司心智模式组成。莱绅通灵的文化，不仅有价值观的描述，更有体现公司组织智慧的心智模式。价值观，决定公司选择什么样的员工。心智模式，帮助所有员工提升认知水平，提高工作能力，统一工作理念。

以上四大战略解决了公司竞争、组织、员工意愿和公司持续发展这四大发展问题。这四大战略同时又相互赋能，互为飞轮、互为杠杆，构成公司内部和公司外部的生态环境系统。它们的相互作用，能够推动公司不断发展和员工不断进步，最终实现公司愿景。

第 34 课
Lesson 34

要么成为爆款，要么被爆款消灭

究竟是什么决定了产品能否成为爆款？

苹果用几款产品撑起世界第一的市值；茅台用一款白酒打遍天下无敌手，其股价也是一飞冲天。它们成功的原因，用流行语阐述就是"爆款思维"。

莱绅通灵很早就在产品设计里运用了爆款思维。我们在 2009 年开发的"蓝色火焰"切工钻石，当年销售额就达 5 亿元，至今仍然是我们的超级爆款，每年贡献几亿元的销售额。

作为莱绅通灵的"首席产品官"，我亲自抓爆款设计与出品，经历了从创造假设到爆款设计再到市场验证的全过程。我的心得说出来也许有点夸张：要么成为爆款，要么被爆款消灭。

产品设计，必须理念先行

2017年，通灵珠宝收购了诞生于1855年的比利时王室珠宝莱绅，进行品牌升级，把莱绅嫁接到通灵，将原有品牌"通灵珠宝"变为"莱绅通灵"，新的品牌定位是：欧洲百年王室珠宝。

莱绅品牌在欧洲市场主要为王室和一些贵族服务，以高级定制为主，业务模式是先接单，后设计生产。当它进入中国后，我们希望它服务普通消费者，所以款式、供应链流程都要重新设计规划，以符合中国消费者的需求，用王室品位赋能中国人的美好生活。

于是，我为"莱绅通灵"确定了新的产品设计与制作理念：

第一，首饰造型是王室或者欧洲文化符号；

第二，高辨识度；

第三，简约风；

第四，熟悉的陌生感；

第五，做工精致，强存在感。

根据这样的理念，中外联合的设计师团队设计出品牌升级后的第一款产品"王室马车"。

这款首饰以欧洲王室马车车轮造型为创作元素，目标消费群定位为18～28岁都市年轻消费人群，产品主要是项链、手链。价格在5000元到10 000元之间，非婚庆首饰，使用场景是恋人赠送礼品、父母给女儿礼品、节日礼品和职场白领自我奖赏。

因为产品定位准确、价格合理、辨识度高、王室理念传达清晰，产品推出后销售火爆，上市几个月销售额就突破5000万元，至今仍是经典畅销爆款。

"王室马车"的火爆，给整个公司带来了信心。打造这组小爆款的实践，验证了我们创建的爆款假设（即以上五条设计与制作理念）是对的，而且亲历小爆款的全流程，让我们找到了做爆款的感觉。

由于吊坠类非婚庆产品售价不高，对公司销售额贡献并不明显，而钻石婚戒占我们销售额的50%左右，且单价高，对品牌和顾客影响力更大，所以我们急需一款婚庆类王室品位旗舰型产品来确立公司的战略地位。

超级符号"王后婚戒"成爆款

因为要设计的是战略性产品，所以公司上下都十分重视，我亲自领导公司国内外设计师进行设计。

第一，造型应聚焦在欧洲王室和欧洲文化的"超级符号"上。

"超级符号"一般是历经千年而经久不衰的文化符号。比如中国的龙图腾、长城，西方的十字架、王冠、埃菲尔铁塔等，这些符号几乎全世界的人都熟悉，并且能明白其所代表的意思，这些符号已经成为一种文化的母体。

这些超级符号因为历经了时代变迁，都是审美上万里挑一的传世经典，而且千百年来经历了无数次曝光，等于为产品预先做了无数次广告。我们的产品嫁接上这类超级符号，不仅会立即被顾客接受，而且顾客很容易喜爱上它。

第二，必须是高辨识度。

国内首饰市场同质化严重，款式设计没什么个性，如果把首饰上的标识（logo）隐去，根本辨别不出是哪家出品。好的产品都具有高辨识度的特点。比如苹果手机一拿出来，所有人一眼就可以识别它，我希望我们的旗舰产品也具备这样的高辨识度。

第三，设计风格为简约风。

欧洲设计过去以哥特式、巴洛克式、洛可可式为主，现在北欧简约风风靡全球。建筑、服饰、室内环境设计都在遵循这个规律。

之所以说宋朝的美学领先世界1000年，就是因为宋朝的书画、陶瓷、家具等艺术已经崇尚简约之风。外国人喜欢收藏明朝家具，也是因为那时的家具风格是简约风。

现在欧洲崇尚的简约设计多源于日本的禅意和北欧的简约风。乔布斯的苹果系列产品就是简约风的登峰之作。作为百年王室品牌的旗舰产品，设计风格当然首选简约风。

第四，产品必须具备"熟悉的陌生感"。

美国广告大师詹姆斯·韦伯·扬说：创意，就是旧元素的新组合。

什么叫"旧元素的新组合"？旧元素让人有熟悉感，新组合让人有陌生感。旧元素的新组合，让人感到既熟悉又陌生，因此发出"居然还可以这样"的惊叹，引发传播。熟悉的陌生感可以说是所有艺术创作的第一性原理。世界上最好的艺术作品，包括电影、音乐、建筑、小说、雕塑、服饰，甚至最好吃的菜肴，都遵循着"熟悉的陌生感"的创作原则。

我亲自挑选出欧洲王室符号鸢尾花，作为莱绅通灵首款旗舰产品"王后婚戒"的设计元素（见图34-1）。

图34-1　"王后婚戒"设计灵感来源鸢尾花图腾

鸢尾花图腾从很早开始便是法国国王的象征，鸢尾花与法国国王的渊源，始自公元496年克洛维一世加冕时。之后他皈依基督教，受洗典礼上用的也是鸢尾花油。古埃及人也认为鸢尾花是权力的象征，故此狮身人面像的额头和法老的权杖上都有这个标记。基督教把鸢尾花视为圣母玛利亚的象征。

鸢尾花图腾是名副其实的超级符号。

做工精良的鸢尾花图腾王后婚戒推向市场后，立即成为热销爆款，上市几个月销售额就达到1.3亿元，2019年销售额更达3亿元。和婚戒同时开发的还有鸢尾花钻石项链、钻石手链等配套系列产品，也都成了热销爆款。

"王后婚戒"就这样一举奠定了自己在莱绅通灵的"超级符号"地位。

IPD 让爆款由偶然变必然

时尚业和奢侈品行业传统的产品开发是以设计师为中心进行的。以设计师为中心的产品开发，有它的好处，但是弊端也特别明显。

好处是设计师的设计风格明显，有一批忠实粉丝，还有就是产品融入了设计师的个人经历，话题性强。但是随着资本融入品牌，企业规模越来越大，品牌进入的市场越来越多，消费者需求变化越来越快，以设计师为中心的产品开发模式越来越难以应对市场的变化。

为了应对这样的挑战，莱绅通灵现在引进了 IPD（见图 34-2）。IPD 是一套产品开发模式，其思想来源于美国 PRTM 公司出版的《产品及生命周期优化法》，华为最先将其从美国引进国内。

IPD 是开发人员基于对产品战略、市场信息、客户反馈、竞争信息、技术趋势、产品组合等维度的研究，充分理解市场，然后再根据公司的情况，确定客户定位，进行需求分析，制定细分策略，整合、优化业务计划后再正式立项开发产品。

IPD 产品开发流程被明确地划分为概念、计划、开发、验证、发布、生命周期六个阶段（见图 34-3），并且在流程中有定义清晰的决策评审点。这些决策评审点上的评审不是技术评审，而是业务评审，更关注产品的市场定位及盈利情况。决策评审点有统一的衡量标准，只有完成了规定的工作才能够由一个决策评审点进入下一个决策评审点。

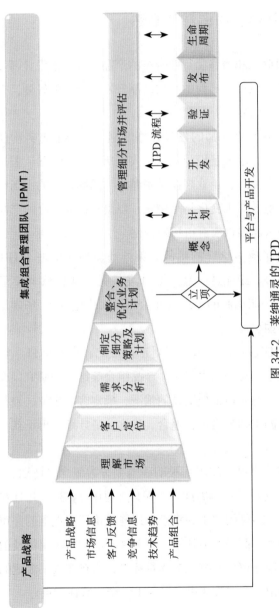

图 34-2 莱绅通灵的 IPD

图 34-3　IPD 模型节点

IPD 的核心要素是：结合外部环境、总体规划、客户需求调研前置、调动公司内外部资源、结果导向。

在风靡全球的反映英国王室生活的电影《唐顿庄园》中，三位女主角佩戴的王冠，都出自莱绅通灵。为了把唐顿庄园这个超级 IP 做好，我们决定开发"莱绅通灵 – 王室庄园"系列首饰。

虽然我们已经拥有超级 IP，但这并不代表我们的产品会成为畅销品。首饰开发过程需要严格按照 IPD 的开发阶段进行管理。先要明确"王室庄园"的定位，找到目标消费场景并完成目标客户画像，然后收集目标客户的审美需求、价位需求、场景需求甚至心理需求，据此制订开发计划，有的放矢地进行产品开发。在开发过程中，前置图纸和样品的迭代环节，让终端一线客户顾问及目标客户参与其中，给出筛选建议。最终通过漏斗式过滤，留下最符合目标人群偏好的产品。

目前，"莱绅通灵 – 王室庄园"系列首饰已进入新品预售和试销环节。该系列首饰只有在真正通过试销，且市场验证结果高于上市标准之后，才会正式向全渠道发布，投放市场。可以看出，无论是多么受欢迎的 IP，在莱绅通灵严格的 IPD 流程下，都要按概念、计划、开发、验证、发布和生命周期六个阶段进行管理，以确保产品一问世就成爆款。

这就是 IPD 的魅力，基于一套专业化流程，让爆款去偶然性。爆款的本质，其实就是一句话："你的出品，恰恰是客户真正想要的产品。"IPD 提供的是一套 360 度假设及验证方法，保证出品能够"雀屏中选"，而不是"乱枪打鸟"。

爆款的底层逻辑

最后，再谈一谈经过市场验证的莱绅通灵版爆款门道。

第一，少而精。

传统产品开发是以量取胜。爆款思维追求少而精，每款都要成为头部资源。每部好莱坞大片都以十亿美元票房起步，就是运用了这个原则。

第二，把产品做成 IP。

在传统产品管理模式下，一款产品火了后就让它自生自灭，然后去找下一个热点。而爆款思维是在产品得到了市场验证后，进一步对产品进行投资，让产品自身成为 IP。例如莱绅通灵的"蓝色火焰"切工钻石，畅销 10 多年，现在还是热销商品。再如好莱坞大片《蜘蛛侠》《复仇者联盟》，在电影火了之后，幕后团队还利用电影 IP 开发出众多周边产品。

爆款一般都是公司的战略性产品，如果把战略性产品打造成了 IP，就能以战略性产品为基础再开发出战术性产品。

第三，好产品是赛出来的。

抖音上的视频每天都有很多爆款，可是这些爆款不是硬推出来的,而是赛出来的。你在抖音上每创作出一个作品,抖音后台就会给你 200 个流量。如果在这 200 个流量里,打开率和完播率都很高,抖音后台就会给你 2000 个流量。如果打开率和完播率还是很高,拼音后台就会给你 20 000 甚至 200 000 个流量。资源始终给到领先者。

莱绅通灵的很多爆款也是赛出来的,比如说蓝色火焰、王后婚戒,都是通过试销后发现潜力然后再投资,不断做大。

很多优秀的公司进行员工业绩 271 排序,其本质就是培养"爆款"员工。

第四,产品即媒介。

在爆款思维下,产品不仅要体现品牌战略,还要有高辨识度。例如,即便把苹果手机与众多的同类商品放在一起,顾客也能立即把它辨别出来。苹果所有产品的外观设计都反映了乔布斯的简约战略。再如莱绅通灵的"王后婚戒",不仅让人过目不忘,仿佛它自己就在讲述着"王室故事"。

商品的高辨识度再加上体现品牌战略的价值观,使商品得以媒体化,这不仅能给顾客带来归属感,商品自身也有了极大的传播性,可以节省大量广告费。

竞争对手很难克隆媒体化的商品。比如莱绅通灵的"王后婚戒",虽然山寨的很多,但是消费者一看就知道不是莱绅通灵的产品。大部分消费者还是愿意购买正牌商品的。

当今社会简直就是"爆款社会"。爆款并不神秘,只要找到诀窍,借助互联网,我们每个人都可以打造出属于自己的爆款。

第 35 课

Lesson 35

怎样用"意外感"升级品牌

20 年前第一次看《泰坦尼克号》时,这部影片给了我极大的震撼,在随后的很长一段时间里,我都在思考一个问题:导演做了什么,竟能让观众如此震撼?

流行源于"熟悉的意外感"

仔细思考一下,所有我们喜欢的艺术作品,无论是电影、小说、绘画,还是建筑物、音乐,甚至美食,我们为什么喜欢它们,它们有什么共同的特点?

按美国《大西洋月刊》资深编辑、畅销书作家德里克·汤普森的说法,我们喜欢的这些作品都有一个共同的特点：熟悉的意外感。

我们会本能地偏爱我们熟悉的东西。这是在人类进化史中被写入我们的基因代码中的特性。当我们的祖先生活在丛林中时，熟悉的事物对他们来说就意味着安全，不需要战斗，也不需要逃跑。所以，熟悉是让我们感到放松、舒适和愉悦的源泉。这让我们的大脑会在潜意识里误认为，这些良好的感觉来自面前这个熟悉的东西，因此就更加投入地喜爱它。

不过，熟悉也有负面的效果。美术作品再好看，天天摆在你面前，你也会视而不见。一个电影连续看上10遍，你也会感到无聊。这就意味着，人们还需要在熟悉的感觉之外找到一些"调味品"，给大脑来点新鲜的刺激。这个调味品就是意外。

就拿我国古典文学四大名著来说，作品中所诉说的故事，在当时来说，未必是最新鲜的，书中的故事有的早有传说，有的早已流行，但是作者的创作手法，在那个时代是非常让人"意外"的。

《泰坦尼克号》让我们感到震撼的，就是詹姆斯·卡梅隆为观众营造的"熟悉的意外感"。爱情故事是熟悉的，灾难情节也是熟悉的，但是通过特技、情节安排，把旧元素进行了新组合，就让观众产生了强烈的熟悉的意外感。

熟悉和意外是两种截然相反的感觉。这两种感觉共同左右了我们对某种产品的喜爱程度。那如果你是一个文化产品设计者，你要怎么做才能让你的产品更容易被人们接受、被人们喜爱呢？

最好的做法是遵循德里克·汤普森提出的玛雅法则。玛雅法则的英文是 M-A-Y-A，它是英文短语 Most Advanced Yet Acceptable 的首字母缩写，意思是"在能被接受的前提下，尽可能前卫一点"。如果我们的产品让人看起来很熟悉，隐约觉得"哎，好像以前在什么地方见过"，但又时不时能给人带来意外，让人眼前一亮、豁然开朗，内心发出"哇"的一声赞叹，那它的设计就是一个好的设计。

品牌深度区隔，制造意外感

2020 年，在新冠疫情和罕见洪水灾害的双重冲击下，零售业特别是奢侈品行业受到重创。在这种背景下，莱绅通灵作为一家以经营钻石首饰为主的奢侈品公司，业务之所以能够得到很好的恢复，得益于公司在品牌战略上对"熟悉的意外感"的运用。

定位理论，由美国著名营销专家艾·里斯（Al Ries）与杰克·特劳特（Jack Trout）于 20 世纪 70 年代提出。里斯和特劳特认为，定位要从一个产品开始，这个产品可能是一种商品、一项服务、一个机构甚至是一个人（也许就是你自己）。但是定位不是你对产品要做的事，定位是你对预期客户要做的事。换句话说，你要在预期客户的头脑里给产品定位，确保产品在预期客户的头脑中占据一个真正有价值的位置。

定位理论的核心原理是"第一法则"，要求企业必须在顾客心智中与竞争对手区隔开，成为某领域的第一，以此引领企业经营，赢得更好的发展。

传统定位理论是在产品不变的前提下，针对市场某个空白点，对自己产品的优势进行强势传播，在顾客头脑中形成自己的品牌是这个领域的第一品牌的心智模式。比如宝马和奔驰，本质上这两个品牌没什么区别，但是通过广告营销，使客户形成了"开宝马""坐奔驰"的心智模式。

品牌深度区隔，是从传统定位理论进化来的，是基于整个公司战略的区隔。

当莱绅通灵确立了"王室珠宝、王室品位"的品牌战略定位后，就要让品牌深度区隔于其他竞争品牌。具体来说，就是要在客户所有可感知的接触点上进行深度"王室化"再造，让客户产生"熟悉的意外感"。

在制定品牌深度区隔方案前，我们对客户的需求进行调查和洞察。所谓洞察，就是挖掘出客户没有说的，但又是客户实实在在存在的需求。

要实现品牌深度区隔，品牌经营者必须先弄清楚以下10个问题。

1. 客户要什么？
2. 客户购买行为的本质是什么？
3. 客户购买的动机是什么？
4. 客户的生活方式是什么？
5. 客户没有说出的需求是什么？
6. 客户的消费频率是什么样的？
7. 客户通过什么样的渠道来接触我们？
8. 客户通过什么途径来理解和相信我们？

9. 我们给客户的核心价值承诺是什么？

10. 我们如何兑现这个核心价值承诺？

人、货、场的深度区隔

莱绅通灵作为珠宝奢侈品牌，和客户接触最多的就是人、货、场，如果在人、货、场方面能做到基于自己核心竞争力的深度区隔，就会形成巨大的市场吸引力。

人的区隔：作为奢侈品销售人员，莱绅通灵的客户顾问不仅要接受珠宝、钻石专业知识的培训，还要接受一定的欧洲文化、比利时历史和比利时王室知识的培训。公司要求客户顾问在销售过程中不得过分推销，不得过分承诺，不得夸大宣传，客户顾问在整个销售过程中的行为必须得体。

公司为客户顾问选择的服装采用的是体现欧洲王室复古风格的设计。

货的区隔：作为比利时王室供应商，莱绅有很多自己独特的工艺和设计，我把莱绅带入中国，自然把它的独家工艺和技术也带到了中国。莱绅通灵在珠宝首饰上选用的钻石，都是按为王室服务的标准选用的。所有制作工艺也和为王室服务的制作工艺相同。客户只要把莱绅通灵的首饰和其他品牌的对比一下，就可以发现其中的明显区别。

商品是要被客户买回去的，它的深度区隔最能影响客户的购买兴趣，莱绅通灵的商品设计原则是"强王室 IP 化"，所有商品首先要具备王室元素，利用王室超级符号元素来体现珠宝首饰的王室风格。公司开发的王室马车、王后系列、女王系列（根据英国女王王冠设计）等强IP产品，上市即成为爆款，始终供不应求。

产品在命名上也是紧扣王室元素，如女王、王后、公主等系列，和竞争对手形成区隔。

场的区隔：渠道、专卖店是品牌的面积最大的载体，它不仅是销售的场所，更是品牌形象的超级媒介。专卖店选择在哪儿开、面积多少、位置怎么样，这些都会传递品牌信息。

莱绅通灵品牌战略升级后，逐步关闭和品牌定位不相称的销售渠道，新渠道的选择必须符合升级后的"王室品位"定位，在购物中心和时尚百货商场里必须是边厅，对面积和位置都明确了相应的要求。

在店面设计上，高度体现"王室"感觉，色彩上运用高品位的香槟色，橱窗里的辅助图形使用1855加王冠造型的放大图案。1855体现品牌的悠久历史，王冠体现王室血统，让人过目不忘，形成强烈的视觉效果（见图35-1）。

图35-1　莱绅通灵橱窗陈列实景

店堂里用王冠图形和莱绅为王室服务的历史图片做点缀，每一处都在诉说着"莱绅和王室的故事"，让顾客置身于王室故事之中。

王冠作为王室最显著的元素，最能代表王室。为了向顾客清晰传递王室信息，在莱绅通灵所有有女模特的广告中，女模特都必须佩戴王冠。在广告画面里也大量出现欧洲王宫、王室家族图片，充满了浓厚的王室氛围。

为了进一步为客户赋能王室品位，公司专门聘请了法国专业贵族礼仪培训师，巡回为各城市的莱绅通灵 VIP 客户开设欧洲王室、贵族礼仪培训课程，满足客户深度了解欧洲王室文化的需求。

莱绅通灵运用客户熟悉的王冠、1855、莱绅在比利时服务过的众多王室成员等各种王室元素，构建一个客户熟悉的"王室氛围"。（中国客户大多通过影视作品接触过这种氛围，容易产生熟悉感。）

这些熟悉的王室元素，毕竟和客户的生活还是有一定距离的，所以当客户在莱绅通灵的店里感受着"王室氛围"，佩戴根据欧洲王室元素设计的既简约又符合现代东方人审美的"王室品位首饰"，对客户来说，这种体验既是熟悉的，又是意外的。

只有熟悉感，没有意外感，就会变得俗气；只有意外感，没有熟悉感，就会变得另类。

品牌降维打击

虽然莱绅在欧洲属于为王室服务的顶级奢侈品品牌，进入中国市场后,如果它的定位不变,那就进入了卡地亚、宝格丽等欧洲奢侈品品牌的红海领域。

莱绅进入中国市场后,虽然头顶王室光环,但是品牌定位做了适当下移,聚焦于既对国际奢侈品的价格感到纠结,又对内地和香港品牌不满足的那部分客户,在品牌竞争上实施"降维打击"策略。

用普通珠宝品牌的价格就能购买到欧洲百年王室珠宝,对于客户来说,犹如"旧时王谢堂前燕,飞入寻常百姓家",怎能不意外?

所有接触点都是媒介。

王室品位概念的深度区隔,要把品牌的"人、货、场"都当成媒介,让客户能在渠道、客户体验、商品、礼品、员工服务、着装、礼仪、广告、公关等所有接触点,都接触到"莱绅王室珠宝故事"。

打造品牌的原则是:与其更好,不如不同。通灵升级为莱绅通灵,不是简单的升级,而是脱胎换骨的品牌自我革命。

进行品牌重新定位,需要对客户价值线进行重新梳理,需要对行业的本质、未来趋势进行再思考,需要对客户的认知进行深入理解,需要对品牌自身的资源进行深度整合。

随着品牌深度区隔战略的推进,客户对莱绅通灵品牌价值的认知度越来越高,关注度越来越高,好感度也在不断提升。基于客户价值的品牌深度区隔,在未来将给品牌带来的价值是:客户忠诚度的提升、使用频率的提升、客单价的提升、客户推荐率的提升、公司市场占有率的提升。

因为莱绅通灵品牌不断地给客户带来"意外"体验,越来越多的顶级商场向公司伸出橄榄枝,不仅邀请品牌进驻,还提供最好的位置和很好的商务条件。

总有人问我,钻石代表爱情,莱绅通灵主要销售钻石首饰,为什么不定位为在爱情上?

我认为所有把品牌定位在爱情上的公司,它们一大半的广告费是在为钻石行业做宣传。

这是因为它们没有把品牌和品类搞清楚。钻石代表爱情,这体现的是钻石品类的价值,或者说是品类的属性,就像水可以解渴,而世界上的水几乎都可以解渴一样,根本不分品牌。品牌要做的事情是,明确你和别的品牌有什么区别。

别的品牌的钻石代表爱情,莱绅通灵的钻石当然也代表爱情,这不需要特别告诉客户,我们需要告诉客户的是,莱绅通灵是王室珠宝,具有王室品位。

区隔思维是稀缺资源

只有深度区隔才可能让人产生意外感,但是生活中有区隔思维的人很少,这是因为从众心理是人类的普遍现象。人类在远古时期,要和自然做斗争,每时每刻都可能面临其他大型猛兽的威胁,只有从众才能够生存下来。试想一下,一个特立独行的原始人和愿意跟大部队保持一致的原始人,谁的生存可能性更大?那些特立独行的原始人,都成了老虎、豹子的腹中物。经过漫长的进化过程,从众心理已经成了人类的普遍现象。

中国的传统教育也有鼓励墨守成规的成分。中国是个制造大国，但不是品牌大国，这和中国人普遍缺乏区隔思维不无关系。

在品牌管理和企业管理领域，我可能是属于少数具有区隔思维的人，比如当年电视剧《克拉恋人》播出时，电视圈、广告圈、公关圈、珠宝圈都震惊了，大家都在议论，这是电视剧还是广告片？

过去全球所有珠宝品牌使用的钻石切工，都是延续上百年的57面切工，而我联合比利时钻石切割大师开发出"蓝色火焰"89面切工钻石，轰动全球钻石界，现在还是公司独具特色的畅销品，引来无数同行的模仿。

创业和艺术创作需要的是创新，而创新就必须要有逆向思维，创业者和艺术创作者只有在思想上保持特立独行才能创作出让人"意外"的作品。

马云的阿里巴巴、乔布斯的苹果、海底捞的"变态服务"、迪士尼的童话世界，当时都给客户带来了令人震撼的意外感，正是这些意外感成就了他们的商业王国。今天那些随波逐流的品牌和创业者，如果不能改弦更张，不能给客户带来"熟悉的意外感"，就注定不会有未来。

使命出发篇

使命是职场人的灵魂

- 使命不是让我白白奉献，而是帮助自己聚焦人生能量，在一个方面进行突破，构建职场竞争力，从而取得更大成就，赢得更多尊重，使人生更有意义。

- 探寻使命要从价值、擅长、稀缺、趋势和意义这五个维度进行思考。

第 36 课
Lesson 36

使命，人生能量的管理

人们都觉得"使命"是个特别大的词，强调奉献，是对自己的要求和约束。我觉得这些想法是对使命的曲解。大部分人认为使命离自己很遥远，这样的想法可以理解，但实际上使命离每个人很近，没有使命的人几乎不可能取得世俗意义上的成功。

很多人没有使命，很大原因是没有真正理解使命的含义。

在莱绅通灵进行文化变革之初，我试图把"什么是使命，为什么要确立使命，怎样确立使命，怎样达成使命"写成系列文章，帮助大家用使命来引领自己的行动，实现人生的愿景。于是，就有了本课的内容。

依次回答以下五个问题，任何一个人都可以在五分钟内找到生活的意义和使命。

第一，我是谁？

第二，我能做什么？

第三，我为谁而做？

第四，我是否做得比别人更优秀？

第五，人们是否因为我所做的这些事而有所改善？

这五个问题，一个比一个深入，一个比一个容易被忽略。"我是谁"，这很容易知道。"我能做什么"，也很快能明白。但是第三个问题"我为谁而做"，很多人就没考虑过。

第四个问题"我是否做得比别人更优秀"，这就难住了绝大部分的人，我不比别人更优秀，别人为什么会选我？

第五个问题"人们是否因为我所做的这些事而有所改善"，更难回答。但成功者和伟大者的区别，往往就在于这一点。

使命的内涵

使命以达成宏伟愿景为目标，有使命的人会将能量和资源最大限度地投入到最有意义的事情上，进行长期投资。

使命的第一个内涵是价值。

使命是我们存在的理由。存在的理由就是我们能创造什么样的价值。如果我们不能创造价值，也就没有存在的理由。

比如一辆汽车，车上任何一个零件一定是有用的，这就是价值，就是存在的理由。任何没有用的零件，最终一定会被去掉。

同样，就像人的身体，每个人身上的每个器官都是有用的，所有没有用的器官，在人类进化过程中都被淘汰了。

每个员工，都必须为企业创造价值。员工创造的价值越大，他的价值也就越大。

创造价值不代表完成使命，创造提前承诺的价值才是完成使命。

使命的第二个内涵是意义。

人吃饭是为了活着。但是，人活着并不是为了吃饭。每个人活着的真正目的，对于自己来说就是意义。

同样一件事，对于不同的人有不同的意义。一束鲜花和一株草，本质上它们都是一样的，都是植物，可是鲜花却被人们赋予了很多精神内涵。这些精神内涵就是意义。

工作不仅仅是为了赚钱，如果我们能发现工作的意义，我们就会喜爱自己的工作，在工作中就会有成就感、意义感。当我们对工作有了超越经济的追求，工作就有可能成为自己的使命，同时也会成为快乐的源泉。

使命的第三个内涵是管理能量。

使命可以帮助我们对人生能量进行更有效的管理。这一点是最容易被人们忽视的。

没有使命的员工，其最可怕之处是不知道管理自己的能量，无意间耗散了人生大部分宝贵的资源。

每个人在这个世界上都有能量，且每个人的能量有大有小。我们要做成任何一件事，也都需要能量。不同的事情，需要不同的能量。

当我们确立了自己的使命，就会把自己的能量聚集起来，聚焦在一个既对自己有意义又对别人有价值的方向上，持续发力。

小时候我们都玩过一种游戏，通过放大镜将太阳光线聚焦到可燃的物品上，不久这件物品就会燃烧，这就是能量聚集的作用。正常情况下，太阳光是无法直接将这件物品点燃的，但是只要通过放大镜聚集太阳光的能量，很容易就能把这件物品点燃。

使命就是让人生的能量聚焦，是对人生能量的管理。每个人的能量都是有限的，如果不聚集能量，大部分能量就会在不经意间浪费掉了。

我们进行能量管理，不仅要控制能量的使用方向，而且要进行能量的补充。

使命的内涵之一是能量管理，当我们确立了使命后，在能量输出时要聚焦，即不在非战略性问题上消耗战略性的资源。除此以外，还要不断给自己充电，补充能量。假如你是一个设计师，在观看一部电影的时候，你可以通过电影海报、电影画面构图，甚至电影里的场景，汲取设计灵感；你去国外旅行、去逛商场，也可以吸收外部能量作为对自身的补充。有使命的人汲取能量是随时随地的，所以他们进步无比神速。

对于有使命的人而言，一方面其能量输出是聚焦的，另一方面其能量汲取又是广泛而持续的。所以，他们事业成功、成为人生赢家的概率比没有使命的人高，就再正常不过了。

创造性思维属于有使命的人

> 我们不能用与制造问题时同一水平的思维来解决问题。
>
> ——爱因斯坦

人类思维分为三种类型（三个层次）：感性思维、理性思维、创造性思维。大部分人的思维只有前两种，即感性思维和理性思维。感性思维主要是靠自己的经验和直觉去思考和判断；理性思维主要是靠已经掌握的科学的方法去思考和判断。

感性思维活动包括：感觉、知觉、感性概念、本能思维倾向、习惯思维、联想、想象、情感活动、直觉、定量的度量、模糊的范畴思维。感性思维的特点是自然形成、敏感、自发产生、自动执行、孤立片面、分散并行。

理性思维包括：语言形式的概念，概念的分类，定性思维，范畴思维，逻辑隶属关系，因果推理，过程、流程的思考和规划，数学与拓扑、集合、立体空间演算，色彩、旋律、布局的协调性，周期规律，清晰划界，语言组织和传播。理性思维的特点是人为定义与划分、知识成体系性、形式化、可推理性、突出相互联系和相互制约关系、可传播性、可理解性。

理性思维相对于感性思维而言是一种更高级的思维，但是理性思维是基于分析的一种思维模型，局限于一定的框架之内。

没有使命的人，他们的工作态度是完成任务，而不是使命导向。带着完成任务的心态，人就会自动按照事先设定的框架思考问题、解决问题。正如爱因斯坦所说："我们不能用与制造问题时同一水平的思维来解决问题。"

要想真正解决问题，必须跳出已有的思维边界，进入创造性思维。

有使命的人，他们会调动深层次的脑细胞活力，使思维经常处在非常敏感、活跃的状态，随时捕捉各种对使命达成有用的信息，并且对不同来源的各种信息进行关联和重组。

过去，我们把创造性思维叫作灵感甚至天才思维，觉得它是科学家、艺术家的专利。但是今天，创造性思维已经成了每个人生存的必备技能。这是因为我们在工作中处理的任务变得越来越复杂，竞争越来越激烈。

不妨思考一下，在进行渠道谈判和写文案的时候，你的思维活动是一样的吗？

在进行渠道谈判时，你需要掌握商业和谈判知识，需要做大量的思考；而在写文案时，你需要掌握语言的技巧，需要用心观察生活。

看起来好像完全不同，对吧？

但是，这些都是思维的内容层面的差异，如果从思维的过程层面来看，我们就会发现这两件事在本质上是一样的。它们都对既有信息（不管是来自知识和演算，还是来自技巧和观察）进行整合，最后都通过某种思维方式，砰！一个全新的想法突然诞生了。

这就是"创造性思维"，它包括两个关键步骤：关联和重组。关联就是整合已有信息的过程，此时，大脑神经系统会通过寻找解决特定问题的多维度信息，构建不同的神经网络，这也是大脑的运作机制。当一个神经网络与另一个神经网络相互重叠、相互激发时，新的想法就会不断涌现。重组就是指这些没有头绪的新想法会在某一个瞬间重新组合，成为一种全新的理解既有信息的思维框架。

你可能会说，这有什么新鲜的，不就是瞬间灵感迸发吗。要知道，过去人们虽然知道大脑有这样一种能力，却一直觉得这种能力非常神秘。古希腊的柏拉图说，灵感是缪斯附体；大文豪苏轼也说过，灵感就像不知道从哪儿冒出来的泉水。

有使命才能"从0到1"

理性思维是在边界内思考如何解决问题，它思考的核心是"更"，它的句式是："我如何做得更好？""我如何跑得更快？"

理性思维就是爱因斯坦所说的"用与制造问题时同一水平的思维来解决问题"。

超越微博的不是更好的微博，而是不同于微博的微信。能够和微信分庭抗礼的不是更好的微信，而是今日头条和抖音。

创造出微信、今日头条、抖音这种"从0到1"的产品的，一定是创造性思维，而不是理性思维。

没有使命，我们的大脑就不可能得到有效开发。当大脑仅仅处在理性思维状态时，工作也会处于正常状态，不会激发出创造性思维，久而久之，我们离"高级人才"的愿景也将渐行渐远。

没有使命的人在工作时追求舒适，但是人的创造性思维是由不断出现的挑战激发出来的。由于工作中没有使命，回避挑战，久而久之，原本有创造性思维的人会慢慢变得平庸。

1999年，马云在杭州西湖边的一个民宅里创业，第一批员工十八罗汉现在都是商界顶级精英，凭马云创业时的条件，相信那时他招来的一定不是什么高级人才，这18个人也不会有什么特别大的智慧。是什么原因让当年的18个普通大脑"进化"成现在的18个"超级大脑"？

人类的大脑在20万年前就已完成进化。

由于社会在不断进步，所以我们容易错误地以为，现代人比古代人更聪明，其实完全不是这么回事。

德国哲学家雅斯贝尔斯在《论历史的起源与目标》一书中写道，公元前800年至公元前200年是人类文明的"轴心时代"，是人类文明的重大突破时期，在当时的古希腊、古印度、中国等文明国度都诞生了伟大的思想家，他们提出的思想原则塑造了不同的文化传统，且一直影响着人类的生活。

轴心时代对应的时间段应该是中国的春秋战国时期。在这个时期，出现了一大批伟大的思想家，古希腊有苏格拉底、柏拉图、亚里士多德，古印度有释迦牟尼，中国有孔子、老子等。

那时，全世界出现那么多先贤，显然不是个别现象，一定有一批和他们差不多或者略微差些的超级智者同时涌现，他们的智力显然比现在的大部分人强很多。

人类的大脑早在 20 万年前就达到了如今的水平。说白了，从生理结构来看，20 万年前的祖先跟我们今天一样聪明。你能学会的东西，他全都能学会。但奇怪的是，人类的很多能力，比如语言、绘画、音乐等天赋，都是直到很晚才突然展现出来，而且一旦展现，就开始突飞猛进，并在全人类中迅速普及。

如果你拉长时间段来看这个现象，就会觉得很奇怪。打个比方，就好像一个人明明有一身肌肉，却连动都不会动，直到 30 岁，才猛地站起身来，健步如飞。你说奇怪不奇怪？后来，学界还用华莱士的名字，给这个奇怪的现象命名，管它叫"华莱士问题"。华莱士问题其实是在质疑，知识跟脑力之间，存在绝对的因果关系吗？如果不存在，那么知识是怎么产生的呢？

你可能会说，它会不会是积累的结果？我们先掌握一点知识，然后一生二，二生三，就这么日积月累地发展起来了。

人类最早用的石器，叫阿舍利手斧，是一块一端较尖较薄，另一端略宽略厚的石头。历史上，人类有 150 万年都在使用这种手斧。但奇怪的是，在这 150 万年里，阿舍利手斧几乎没发生任何质的变化。不管什么种族、什么时段的出土文物都极其相似。你看，今天技术迭代的速度有多快。就拿手机来说，三天两头就出个新款。但是你能想象，一种技术在 150 万年的时间里不发生任何改变吗？

假如说知识是积累而成的，那这个手斧一旦出现，就应该被不断改进才是。今天加个手柄，明天再磨尖一点，改造成长矛，让它变得越来越好用。但事实却是，在这 150 万年里，什么都没发生。

知识到底是怎么产生的呢？在《心智》这本书里，拉马钱德兰教授给出了一个解释，他认为，真正触发新知识产生的不是聪明的大脑，也不是已有的存量知识，而是我们在生存中遇到的新问题。这个新问题，才是触发新知识产生的"开关"。

比如前面说过的阿舍利手斧。考古学家发现，大概在 1.3 万年前，北美洲出现了大量比它更精致的武器。这种武器比原来的手斧更薄、更尖、更适合投掷，其实就是现代的长矛。考古学家管它叫克洛维斯矛头。

那么，这个改进是怎么发生的呢？考古学家认为，很可能就是因为当时的人类遇到了新问题。大概 1 万多年前，人类来到了北美洲。在这里，他们最主要的猎物变了，不是原来小的猎物，是体形庞大的猛犸象。在这样的猎物面前，手斧显然不够用。人类必须制造出更尖利而且还能远距离投掷的武器。在这个新问题面前，人类才发展出了一套关于制造矛头的知识。

换句话说，知识的积累过程，也是一个不断发现问题、解决问题的过程。某种知识没出现，不是因为大脑不够聪明，而是因为人类还没有遇到能够触发这种知识产生的问题。

使命决定你的大脑会进化还是变得平庸

有使命的人,会对一生的能量进行管理。他们有自己的人生目标,在实现目标的过程中必然会遇到各种挑战,在战胜挑战的过程中,新知识不断产生。久而久之,原本普通的大脑在使命的促进下每天进化,直至超过大部分同类的大脑。

没有使命的人,往往不愿意接受挑战;没有挑战,他们就每天做着重复的事情。虽然他们享受其中,但是因为得不到恰当的刺激,他们原本很好的大脑,慢慢开始变得平庸。久而久之,最后他们的大脑会不可逆转地陷入"脑瘫"状态。

法国生物学家拉马克提出了著名的用进废退法则。用进废退是指生物体的器官经常使用就会变得发达,而不经常使用就会逐渐退化。就像大脑,越是勤思考勤运用,便越灵活,而越是懒惰不动脑,就越会像生锈的链条,难以正常运转。

拉马克在《动物哲学》中系统地阐述了他的进化学说,他提出了两个法则,一个是用进废退,另一个是获得性遗传。他认为这两者既是变异的原因,又是适应的过程。他提出物种是可以变化的,稳定性只有相对意义。生物进化是环境对生物机体的直接影响所致,生物在新环境的直接影响下,习性改变,某些经常使用的器官变得发达,不经常使用的器官逐渐退化。他还认为适应是生物进化的主要过程。

知识世界并非根据领域来划分,知识世界是由挑战构成的。

比如使用火。很多进化学家认为,这是因为人类的大脑变得越来越发达，生物的能量更多地用在了大脑发育上，导致肠胃萎缩变小。那怎么办？于是，人类开始用火，让食物变得更容易消化。你看，我们之所以能发现使用火的知识，不是因为聪明，而是因为遇到了肠胃退化这个挑战。

　　当初和马云一起创业的十八罗汉，他们原本普通的大脑，在使命的促使下，不断"找寻"问题，不断解决问题，期间或许会面临很多痛苦，但也因此铸就了他们非凡的"超级大脑"。

　　我们可以没有使命，但是我们需要明白，没有使命可能会让我们付出"脑瘫"的代价。

第 37 课
Lesson 37

使命,让实现梦想有了阶梯

伟大的组织和人都有自己的愿景和使命

> 创造者才是真正的享受者。
> ——英国管理学家罗杰·福尔克

每个人、每个企业来到这个世界上,都有自己的愿景和使命。

愿景是你所期待的状态,所希望成为的样子,也可以把它理解为远期的大目标。使命有两层意思,一是存在的理由,二是凭什么能战胜竞争对手。

莱绅通灵的愿景是"成就员工,造就世界级优秀珠宝企业"。莱绅通灵的使命是"赋能王室品位"。王室品位对消费者显然是有价值的,这个价值就是我们存在于市场的理由,也是我们战胜竞争对手的武器。

一个员工来到职场,也要有自己的愿景和使命。他的愿景就是他想要成为什么样子。他的使命是怎么让他成为想要的样子,怎么做才能在职场上立于不败之地。

一个企业如果没有愿景,就不知道该往哪儿去;如果没有使命,就不知道该往哪儿使劲。使命是通往愿景的阶梯。愿景和使命,是形而上的,指引着所有形而下的具体行动。

伟大的组织都有自己的愿景和使命。伟大的人物未必会将愿景和使命写在纸,但在他们的内心必然有清楚的使命和愿景在驱使他们奋斗。

确立使命,对于一个职场人士而言,就是要明确自己认为的"正确的事"是什么,还有就是怎么把事情做正确。

愿景的实现需要"使命"这个阶梯,没有使命的愿景只是一个梦,愿景通过使命的达成才有可能实现。梦本身并无意义,做了就做了,和现实没什么关系。

构建愿景和使命对每个人的职场生涯有以下几点好处。

第一,明确了自己未来的大目标。

第二,好把自己的力量和资源往一个方向集中。

第三,有利于心态调整,努力工作,最终受惠的是自己。

第四,让工作更有意义。意义感可以让自己发自内心地认为工作是崇高的,更愿意持续投入精力。

没有使命的公司是没有灵魂的,没有使命的职场生涯是随风飘荡的。有了愿景和使命，我们未必能成功，但是没有愿景和使命，我们一定不能成功。

找到事业支点，不做可有可无的人

每个行业的竞争都很激烈，企业必须分析客户的需求、自己的优劣势，然后在一个价值点上持续发力，给客户提供不同的价值，让自己在客户的感知里和别的品牌有所不同，形成差异化优势。

莱绅通灵的使命是"赋能王室品位"，公司从上到下，在每个点上都要着力为客户打造"王室品位"体验。

如果我们没有这个使命，就没有战略抓手，产品设计、体验、价格、内外部资源配置等都将人云亦云，没有目标，没有工作重点。

没有使命的企业，很难形成自己的核心竞争力，它的品牌在客户眼里是没有特色的品牌，这样的品牌，只能靠价格来吸引顾客。但是价格战是没有底线的战略，是所有企业都可以选择的竞争方式，试问我们的价格能竞争过微商吗？

一名员工进入职场，本质上就是一个"人力资源提供商"，必须构建自己的核心竞争力。如何构建自己的核心竞争力呢？要从确立自己的使命开始。

使命是员工的职场抓手。一个有使命的员工，他首先考虑的是企业的需求，而不是企业的保护；他是价值创造者，而不是价值索取者。企业就是他的客户，他必须思考如何为客户创造价值，如何为客户创造别人难以创造的价值。

使命是员工的职场支点。每个员工的精力和资源都是有限的，如果他能确立自己的支点，不断围绕支点在施力点上持续发力，一定会撬动受力点上移，让自己的愿景得以实现（见图 37-1）。

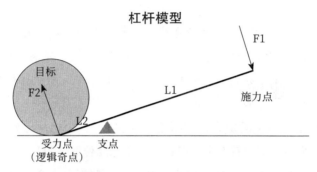

受力点：实现目标的点（逻辑奇点）
支点：起支撑作用的固定不动的点（最接近受力点的要素）
施力点：放大效应最明显的要素

图 37-1　杠杆模型

资料来源：混沌大学。

企业成功不是什么神秘的事，是有规律可循的。莱绅通灵拼死拼活要确立使命、达成使命，就是希望自己的品牌不要在客户心里变成可有可无的选择。

员工想要成功，需要做的就是确立自己的使命，在使命上聚焦发力，构建自己独特的竞争力，不让自己进入可有可无的窘境。

第 38 课
Lesson 38

企业通过使命打造核心竞争力

> 对未来最大的慷慨,是把一切献给现在。
>
> ——阿尔贝·加缪

使命引导企业战略

使命是企业存在于世上的唯一理由。使命让企业与众不同,让企业更有竞争力,可以为客户提供不同的产品和服务。

使命引导着企业的战略。

阿里巴巴的使命是"让天下没有难做的生意"。有了这样的使命,它必须更好地为平台上的客户服务,为平台上的客户创造价值。

迪士尼公司的使命是"使人们过得快乐"。基于这样的使命,迪士尼在经营中时刻谨记要给客户带来快乐体验。

莱绅通灵的使命是"赋能王室品位"。因为有这样的使命，我们必须从店铺形象、产品、广告、客户体验等多方面持续进行提升，直至达成"赋能王室品位"的客户感知。

企业如果没有使命，往往是客户要求企业做事情；有了使命，往往是企业主动为客户做事情。

企业存在的唯一理由就是它的使命

1900年，伦敦的一家报纸刊登了一则由英国著名探险家欧内斯特·沙克尔顿爵士发布的招聘广告。虽然广告很短，但是一发布，立刻应者云集。这则广告的内容如下。

> 招募男士参加冒险旅行。工资很少，环境严寒，数月不见天日，危险四伏，可能无法全身而退。成功之日，光荣和赞誉纷至沓来。

人们被这则广告吸引了。这则广告的厉害之处在于，它的内容十分坦率、简明、有力，并且抓住了探险的本质——人们追求的不是冒险而是荣誉，因此应者云集。

企业存在的理由是什么？可能大部分人的答案是：赚钱。没错，企业当然想要赚钱，但是把赚钱当作企业的目的其实是没有实际意义的，因为这就相当于说人活着是为了吃饭，但吃饭并不是目的，它只是人生活中必不可少的活动之一，因为人不吃饭就会饿死。同样地，赚钱也不应该是企业的目的，它只是企业的必要活动，因为不赚钱企业就无法生存。而且把"赚钱"当作企业的目的也只是一种空洞的想法，因为赚钱的方式多种多样，企业的目的应该能指导你选择做什么来赚钱，而不是什么赚钱就做什么。

以探险家欧内斯特·沙克尔顿爵士的招聘广告为例，表面上探险队员喜欢的是探险，而隐藏在探险背后的则是探险成功后的"荣誉"。如果没有使命的感召，这样一支探险队不可能踏上南极的土地。

企业存在的唯一理由就是它的使命。企业的目的是吸引和留住顾客。如果一个企业在设定目标时，总是使用产量、营业收入、利润增长率、股东权益等指标，从来不用客户需求满足程度、目标市场、客户服务的目标等指标，那么它就必定会走向衰落。为什么会造成这么严重的后果？

当年美国铁路业的营业收入停止增长，并不是因为客货运的市场需求萎缩了，恰恰相反，这种需求一直在增长，而铁路公司却眼睁睁地看着轮船、客货车、飞机夺走自己的客户，不知道如何应对。之所以会出现这种状况，正是因为铁路公司没有正确认识到自己是做什么的。一直以来，它们都错误地定义了自己的行业，认为自己从事的是铁路业而不是运输业，铁路公司以自己的产品"铁路"为导向，而不是以客户的需求"运输"为导向。

同样的情况也出现在当时的好莱坞，面对来自电视业务的冲击，好莱坞几乎无招架之力。这是因为好莱坞认为自己从事的是电影业，瞧不上粗制滥造的电视剧，对电视也抱着敌视和不屑的态度，但其实好莱坞从事的不仅仅是电影业，更是娱乐业。作为娱乐业的一员，好莱坞本该欢迎电视的到来，并借电视拓展自己的娱乐业务。

铁路公司和好莱坞并不缺少机会，它们缺少的是正确地定义自己的使命。不过后来好莱坞觉醒了，它重新定义了自己的使命，当好莱坞从以电影为导向，转为以为客户提供娱乐服务为导向之后，它再一次获得了成功。这更加证明了正确定义一个企业或者一个行业的使命是多么重要。

第 39 课
Lesson 39

员工通过使命练就职场绝活

莱绅通灵要求上级与员工讨论企业使命、岗位使命和员工职场使命。那么为什么员工要明确自己的职场使命呢？

每个员工都是一个小微企业

每个员工本质上都是一个小微企业，通过为企业创造价值来获取价值。员工所提供的价值越大，所获取的价值也就越大。企业之所以要制定战略，是因为每个企业的资源都是有限的，企业必须把自身有限的资源集中在一个点上进行深耕，构筑自己的护城河，形成核心竞争力。所以每个企业都要明确自己的使命，把自己的战略性资源全部投入到完成自己的使命上。员工也只有早日明确自己的使命，把自己的战略资源全部投入到完成自己的职场使命上，才能形成自己的核心竞争力，才可能取得传统意义上的成功，或者说"出人头地"。

企业使命的达成不是一蹴而就的，而是要经过不断演化、不断迭代才能达成的。员工的职场使命也不是一天达成的。绩效管理是辅助员工达成职场使命的重要工具。

基于企业使命、岗位使命和员工职场使命开展绩效管理，一方面可以促进组织目标的实现，另一方面也是在开发员工的潜能。好的 KPI 会兼顾员工当下发展和未来发展，会兼顾财务指标和客户指标，对这些 KPI 的讨论、制定和绩效回顾，会帮助员工理解自己的贡献和企业的要求，完成绩效目标的过程会帮助员工全面发展。具备适当挑战性的目标，可以提升员工的斗志，鼓励员工不断学习成长，提升员工职场竞争力和职场含金量。

商业的本质是交换。无论企业还是员工都要有用以交换的资本，这个资本就是达成我们的使命。只有达成使命，我们才有价值，才有进行交换的资本。所有能生存下来的动物，它们都有自己的绝活，我们想要生存下去，也要有绝活。

找到使命，就找到了撬动事业的杠杆

> 给我一个支点，我可以撬动地球。
>
> ——古希腊科学家阿基米德

优秀的职场人士不是把自己定位为一名员工，而是把自己定位为一个小微企业。既然是一个企业，就要有自己的战略，就要确定自己的（职场）使命。有很多员工咨询我，如何明确自己的职场使命。

为了回答这个问题，我用海底捞和亚马逊的例子，来说明不同的使命是如何驱动它们的业务发展的。

开火锅店是再平常不过的一种生意了，很难做出规模和影响力。在1994年诞生于四川简阳的海底捞，那年只是在当地一条火锅街的一栋楼房的二楼举办开张仪式，开业时只有四张桌子。就是这样一个再普通不过的火锅店，因为有了"双手改变命运"这一使命，即海底捞的杠杆，把海底捞这个普通的火锅店撬动成全球中餐厅的表率。

世界电商巨头亚马逊，它的使命是"成为全球最以客户为中心的公司，让客户能够寻找并发现他们可能需要在线购买的任何商品，致力于为客户提供尽可能最低的价格。"亚马逊创始人贝佐斯说："客户的期望会提高，你一定要满足、超过客户的期望，用这件事去驱动生意。"如果研究亚马逊，你会发现它对它的B端（亚马逊平台上的商家）极其严厉，但是对C端（电商客户）却非常友好——这体现了它的使命。

这就是使命的作用，使命可以推动我们事业的成功。没有使命，我们的力量如刺猬身上的刺一般分散，看似尖锐，实际没有多大用处。有了使命，我们就可以把所有资源都投入到一个点上去。

当你找到使命这个杠杆，你就可以心安了。战略本身什么都不是，关键在于找到一个支点，把资源压在这个支点上，用使命来撬动增长飞轮。

职场人士如何找到自己的杠杆

职场人士要想找到自己的杠杆，可以从价值、擅长、稀缺、趋势、意义这五个维度进行思考。

1. 价值。任何企业的使命一定对它的客户有价值，而我们的职场使命一定是立足于为企业提供独特的价值。

2. 擅长。当我们探讨自己的职场使命时，要考虑自己的学习经历和过往的工作经历，总之，要确定自己擅长的方向。

3. 稀缺。一个人要想提升自己的职场含金量，不仅要能为企业提供价值，还要能提供市场上稀缺的价值。空气和水对每个人都有价值，但是价格却不高，就是因为它不够稀缺。莱绅通灵为什么把使命定义为赋能王室品位？因为王室品位，既有价值，又很稀缺。

4. 趋势。职场使命是一个人事业发展的长期命题，甚至是一生的追求。一旦确立，必须全力以赴，所以我们要思考自己所确立的使命是否符合未来趋势。如果我们的使命只是立足于当下，没有考虑未来，那么随着时间的推移，我们的价值或许会丧失。

5. 意义。在确定了职场使命后，我们就要全情投入。使命会成为我们人生的重要组成部分，所以我们选定的职场使命必须是自己喜欢的，必须是对自己和社会都有意义的，否则很难长久坚持。

用进废退，有了使命你也能创造奇迹

职场人士一生大部分的时间是在工作中度过的，如何快乐工作是每个人必须思考的课题。有职场使命的人是工作的主人，他们主动工作、主动学习、享受工作。工作让他们有更多的成就感。因为有使命，职场人士在工作中容易取得成绩，在生活中也会更自信，工作和生活会形成良性循环。

没有职场使命的员工，他们是被动工作、被动学习，他们被工作束缚，是工作的奴隶。没有职场使命的员工，他们的工作很难取得成就，而且在生活中，他们缺乏自信，工作和生活容易形成恶性循环。

有职场使命的员工的心态是：我要工作。没有职场使命的员工的心态是：要我工作。

使命就是一种选择，它使我们的注意力更聚焦，工作更聚焦。如果你能把战略性资源用在战略性事务上，一段时间后你就会取得一定成绩，这些成绩又会激发出你的更大热情，激励你投入更多精力，持之以恒，必然取得很大成就。就如海底捞，以使命为杠杆，持之以恒，在餐饮行业中创造出了巨大的商业奇迹。

第 40 课
Lesson 40

如何找到自己的使命

> 一个人生命中最大的幸运,莫过于在他人生的中途,即在他最富创造力的壮年之时,发现了自己的人生使命。
>
> ——斯蒂芬·茨威格《人类群星闪耀时》

使命是人生意义感的来源

现代人的工作都是忙碌、复杂的,还给我们带来不少焦虑。很多成功人士的工作强度很大,他们承受着常人难以想象的压力,可是仍然能坦然面对、百折不挠,这就是使命在起作用。使命让人不会变成工作的奴隶,会让人变成工作的主人。

最重要的是,使命能让工作和生命变得有意义。

乔布斯在斯坦福大学做过一次演讲。他说:"你的工作其实会在生活中占据很大一部分,你只有相信自己做的是伟大的工作，才能够安然自得。如果你还没有找到这样的工作，那你要继续去找，不要停下来，要全心全意地去找。当你找到的时候，你就会知道，就像任何一种真诚的关系，随着岁月的流逝，它和你只会越来越亲密，所以你一定要去找，不要停下来。"

他说的这个伟大的工作，其实就是我们人生的目标，或者说是我们生活的意义所在。那么我们怎样才能找到人生的意义感呢？我们每个人可以问自己以下四个问题。

第一，我真正擅长的是什么？

第二，客户是谁？

第三，客户能从我的服务中得到什么价值？

第四，我的服务和别人的比有什么不同？

回答清楚了这四个问题，我相信你就一定能找到答案。就像斯蒂芬·茨威格所说："一个人生命中最大的幸运，莫过于在他人生的中途，即在他最富创造力的壮年之时，发现了自己的人生使命。"

所以如果你能找到自己喜欢的、擅长的和别人所需要的这三者的交汇点，它很可能就是你的使命，也就是你人生意义的来源。

当一个人找到了人生的意义，他就有了灯塔，他的事业就有了方向，他做决定也就不再纠结了。

要找到人生的意义，我们需要确定什么是自己真正擅长并且爱好的事，还要想明白这件事对别人的价值。

工作职责是使命吗

虽然大家知道了使命的重要性,可是正确定义使命却不是一件容易的事。

大部分企业都不会谈部门使命和岗位使命,只会谈部门职责或者岗位职责,可是职责并不是使命。比如一个教师,他的职责是按规定的教学大纲为学生教授知识。教师只要按规定做,就履行了岗位职责。而如果这个教师有"教书育人"这样一个使命,那他的工作就不只是"按规定教书",他所教的还会包括很多大纲以外的内容。他会以"育人"这个"果"来推导出如何"教书"。

我听朋友说过一个故事,有一天他对家里的保姆说想吃点青菜,结果这个保姆竟然连续做了半年青菜。后来我朋友问她,菜市场难道只卖青菜吗?她回答,是你要吃青菜的啊,所以我就买青菜做给你吃,你又没有让我停。保姆的回答令我朋友一时语塞。

使命不是一般人会思考的问题。如果这位保姆明白她的使命是什么,或许就会有不同的做法。如果能从使命出发,相信很快她就不再做保姆了。

向前迈一步就是"使命"

一个好的组织使命必须回答如下一些根本问题:作为一个组织,我们是谁?我们为什么而存在?我们究竟要解决什么问题?这个问题为什么重要?我们究竟要服务于谁?我们能够给他们带来的价值究竟是什么?我们有哪些独特的优势?

想明确部门或者岗位的使命,我们只需要在职责的基础上,再往前迈进一步就可以了。

就像教师的职责是教书,我们只要在教书这个职责的基础上往前再迈一步,多问一句:教书的目的是什么?教书的目的是育人。"育人"就是教师的使命。保姆的使命不是做菜,做菜只是岗位职责,保姆的使命是让雇主提高生活品质、身体健康。就如卖珠宝不是莱绅通灵的使命,"赋能王室品位"才是莱绅通灵的使命。

有人会说,职责也好,使命也好,反正就是干活拿钱,没必要搞得那么清楚吧?

我不这样认为。首先,没有使命的工作是一种被动的、机械的劳动,使命可以让工作更有意义,让工作更有价值感。其次,有使命的工作,能让我们从结果出发,思考如何不断改进,能让我们每天进步,成为专业领域的专家。使命可以引领我们走向人生巅峰。最后,带着使命工作,可以感染别人,体会到我们使命的人会更尊重我们。

最重要的是,有使命的人是工作的主人,工作是他们重要的快乐源泉。没有使命的人,工作只是他们迫不得已的挣钱手段,他们没有办法在工作中得到快乐,工作成了他们的枷锁。

联结使命的名称让每个人都成为大师

莱绅通灵的一些部门名称已经透露出关于部门使命的信

息。我把这种根据最终使命给部门重新命名的方式,叫作联结使命命名法。

例如人力资源管理部门在莱绅通灵叫飞轮生态部。人力资源管理,顾名思义就是挖掘员工的人力资源,可是挖掘人力资源的目的和结果是什么呢?是希望通过推动各部门为其他部门赋能,最终推动公司使命、愿景的达成。各部门都能相互赋能形成"飞轮生态效应",这就是人力资源管理部门想要达到的目的和结果。人力资源管理只是部门的职责,而使命是让公司各部门、各员工产生相互赋能、相互促进的飞轮生态效应。

防熵部过去叫监察部、风控中心,过去的名称反映的是事后处理,都有监督的意味。而防熵部的核心是"防"和"熵",不好的东西我们统称"熵","防"是为了明确我们不应只思考事后处理,更要思考如何不产生"熵"。当"防熵"成为部门使命时,一切工作的出发点就十分明确了。

公司增长中心过去叫运营中心,运营中心这个名称没有情感,没有体现价值观,仿佛一个操作部门。而它的使命是什么呢?作为一个销售部门,销售"增长"显然是它的使命,明确了使命,我们的工作出发点、价值衡量、员工能力评估、晋升淘汰标准就非常明确了。

类似的例子还有很多,比如品牌部在我们公司叫作王室品位管理部,IT部门叫作智能管理部,财务部叫作资产增值部。这些都是以使命命名的例子。

联结使命命名法用在员工身上也会有特别的效果。

有一个非营利组织,叫愿望成真基金会,专门帮助那些命悬一线的孩子实现愿望。这项工作本身很有意义，但是，基金会的员工总会接触一些遭遇特别悲惨的孩子，这让员工们心里很难受。很多人到后来渐渐就没了干劲。怎么办？基金会的首席执行官想了一个办法。她让每个人根据自己的职责重新给自己起一个头衔。

像首席执行官叫愿望教母，行政助理叫寒暄女神，公关经理叫魔法信使等。乍一看，这好像有点儿戏。但是仔细想想，这其实是为员工与使命建立起更清晰的联系，帮员工把注意力转移到工作的本质上，而不是自己的 KPI 上。

比如首席执行官叫愿望教母，就是在时刻提醒自己，她不是在管理一个组织，而是在帮助那些不幸的孩子实现愿望。

莱绅通灵王室品位管理部体验模块负责人，我叫她"李大师"，她负责公司新版专卖店总体的体验设计，如果她能把公司几百家专卖店按公司使命设计成体现品牌调性、价格合适、管理优良的王室品位体验载体，她就是名副其实的大师。

我希望公司的每一个专业人员、管理人员在职场都能拥有一个联结自己职场使命的名称。

联结使命命名法，能帮我们建立一个更加灵活的、去中心化的组织。虽然很多企业都把去中心化挂在嘴边，不过每当遇到问题时，员工还是会不自觉地琢磨领导会怎么想。但是，在联结使命命名法里，没有上下级概念，每个人的头衔只反映他的职责和能力。这样一来，在遇到问题时，大家首先想到的是这个问题需要什么样的能力来解决，谁具备这种能力。

采用联结使命命名法，不仅会主动让别人知道我是谁、我和别人的区别是什么，还会让我时时提醒自己，自己的使命是什么。这是一种有效提升自己的能力，懂得把"战略性资源"投入在"战略性事务"上的高明做法。不过只有真正敢于挑战自己、挑战未来的人，才会选择给自己这样命名。

探寻"优势的我"

探寻"优势的我"，意思是组织通过一些外部干预，促使员工感受到自己最独特的优势或者才干。一旦员工能强烈地意识到自己身上独一无二的优势，他就会产生在工作中运用这种优势的冲动，他的工作热情就会被激发出来。

这个过程有点像玩游戏。假如你捡到一件极品装备，或者学会了一项特别厉害的技能，它就是你在游戏里的独特优势，你就有不断使用它的冲动，你参与游戏的热情就会增加。换句话说，只要组织能让员工感受到"优势的我"，就等于给了他们一件极品装备，他们的探索欲就会被激发。

你可能会说，做到这点并不难啊。我们都很清楚自己的优势是什么，但为什么很多公司里的员工还是死气沉沉的？其实，这是因为我们对自己的了解并没有想象中的那么深。假如现在让你写一份简历，写出自己的优势是什么，很多人想到的可能都是专业、敬业、勤恳、吃苦耐劳之类比较笼统的描述。管理学大师彼得·德鲁克曾说，大多数人都以为很清楚自己的长处，但他们都错了，就像鱼不知道自己会游泳一样。

要想让一个人感受到"优势的我"，就必须采取一些干预手段。最有效的手段，就是让员工充分表达自我。通过个性化的表达，来感受最佳自我。

例如有一家公司对员工的要求非常高，员工淘汰率也很高，但是其中一个部门的新员工保留率比往常高了1/3，这个部门员工的工作状态比其他部门都好。实现这一切的秘密，就在于这个部门的员工在入职的时候，经历了一次特殊的上级培训。

培训的内容很简单。这个部门的总监发给每个员工一张白纸，而且只要求他们做一件事，即写下自己做过的最风光的一件事，以及这件事让自己感到风光的原因，描述越详细越好。每个人在写完之后，再当着所有人的面大声念出来。

比如，其中有个人认为自己最得意的事是帮12岁的侄子做完了数学作业。这件事之所以让他得意，不是因为他懂数学，而是因为当时他的侄子已经快被数学作业逼疯了，甚至为此要放弃这个科目。但是经过他的循循善诱，他的侄子又找回了信心，把作业做完了。他最得意的地方就在于，自己帮一个接近崩溃、丧失信心的人走出了泥沼，并且找到了正确的前进方向。

在讲完这个故事之后，总监当着所有人的面给他写了评语。内容是，擅长从他人的问题中找到原因，并且提供体贴的帮扶。后来，这个员工在工作中也确实表现出了这种品质。

拥抱内部竞争

人是一种有趣的动物，每个人都非常关注自己在同类中的地位。任何活动，只要有竞争或排序，人们都想领先或排在前列。也就是说，我们可以把竞争精神带到工作中，在组织内部建立起良性的竞争机制。

内部竞争和来自市场的外部竞争，存在根本的区别。市场竞争的模式是各自为战、各自获利。组织内部的竞争是各自为战、总体获益，不管谁赢，最终获益的都是整个组织。表面上看，内部竞争的选手之间是对立的，但是通过深入剖析可知，他们都有一个共同的目的，那就是探索组织的极限。在这个大目标下，他们代表的不仅仅是某一个部门的能力，更是组织的能力。不管谁获得胜利，都代表组织整体达到了更高的水平。

比如腾讯旗下的QQ和微信，就存在内部竞争。但是，这个竞争的最终目的不是淘汰其中的哪一个，而是为腾讯打磨出更好的产品。再比如华为内部一直实行的红蓝军机制。其中，红军代表华为目前的战略模式和主要业务，而蓝军就像一块试金石，它的任务是站在对立面，模拟竞品公司的业务，不断对红军释放威胁信号，并且为董事会决策提供参考。当然，大家最终的目的是找到最佳业务方向。

内部竞争可以极大地挖掘员工自身的潜力，员工可以在别人身上看到自己的不足，也可以在竞争中看到自己的优势。良好的内部竞争在帮助组织战胜外部竞争对手的同时，也有助于使员工成长为职场精英。

内部竞争会激发员工的热情，激活他们的探索欲望。从长期来看，这对员工而言是更大的收益。

联结使命命名法、探寻优势的我和拥抱内部竞争这三种方法，既适合管理者用来学习对组织的管理，也适合管理人员和员工用来提升自我，经营好自己的职业生涯。

每个员工都是一个待开垦的金矿，需要组织和员工一起努力去开发。

管理化茧成年
私房课

沈东军 ◎ 著

> 所谓成功的人都拥有了"理性"。我们逻辑就是理性主义者。我们逻辑大于事实"的心当。智模式时，成功就近了。

Private Class of Management
From DongJun Shen

成就员工脑图手册

MIND MAPPING

目录

个人成长篇——成功的第一责任人是自己

第1课 我们为什么总在成功和失败间摇摆 ... 02
第2课 破解"谁长焦谁焦虑"的良药是打破"成长上限" ... 03
第3课 用无限游戏消解时代焦虑 ... 04
第4课 六个人才档次,你在哪个级别 ... 05
第5课 复盘,让你精进每一天 ... 06
第6课 优秀员工,都具有曾国藩的"笨" ... 07

心智提升篇——人生高度取决于心智模式

第7课 什么是心智模式 ... 08
第8课 你和大师的差距只是心智模式的差距 ... 09
第9课 271是大自然法则 ... 10
第10课 向死而生,逆向思维 ... 11
第11课 做对,而不是没做错 ... 12
第12课 消灭问题,而不是解决问题 ... 13
第13课 模型,战胜动物性思维的利器 ... 14
第14课 的瞒是生死命题 ... 15

成就员工篇——管理者就是经营人

第15课 人才裂变,管理者的使命 ... 16
第16课 人才五力模型比"9宫"不再难 ... 17
第17课 精英的人才模型比"9才"更重要 ... 18
第18课 比KPI更重要的,是人才价值评估 ... 19
第19课 好上级都是影响人的 ... 20
第20课 我把同事变同学,长期陪伴,深度影响 ... 21

成就组织篇——好组织才能"长"出好绩效

第21课 游戏化,领导者的新装备 ... 22
第22课 提升领导力的四项修炼 ... 23
第23课 管理者要有"千万别把好经盘歪了"的态度 ... 24
第24课 管理者,要有让组织走向罗盘型组织 ... 25
第25课 好绩效,是从好组织的土壤里"长"出来的 ... 26
第26课 源头思维,高手的思考模式 ... 27
第27课 企业管理之道:管理重要的事,发现用进化论 ... 28
第28课 管理最重要的事,调整结构和设计模型 ... 29
第29课 最好的管理是"不管理" ... 30
第30课 关注离点员工,用他们的去点亮组织 ... 31

"飞轮效应篇——从"做事"跃升到"做势"

第31课 想成功,就要从"做事"跃升到"做势" ... 32
第32课 成功不难,只要找到你的小飞轮 ... 33
第33课 揭秘莱申克灵的战略飞轮 ... 34
第34课 要怎么成为模版,要么被模版消灭 ... 35
第35课 怎样用"意外感"升级职场品牌 ... 36

使命出发篇——使命是职场人的灵魂

第36课 使命,人生能量的管理 ... 37
第37课 使命,让实现梦想有了阶梯 ... 38
第38课 企业通过使命打造核心竞争力 ... 39
第39课 员工通过使命练就职场生活 ... 40
第40课 如何找到自己的使命 ... 41

个人成长篇——成长的第一责任人是自己

第1课 我们为什么总在成功和失败间摇摆

目标管理不是万能的

- 上世纪彼得·德鲁克提出目标管理
- 设定适的目标,让员工自己追求目标达成,达到有奖励,达不到就处罚
- 制定目标,成了管理者和员工的博弈过程

意志力是一种宝贵的资源

- 意志力是决定一个人能否成功的后天因素之一
- 意志力是有限的,用一点少一点
- 大部分人把意志力用错了地方:换取短期目标&达成目标的习惯培养

小习惯改变人生

狄德罗的睡袍
- 各种小习惯不是简单的叠加,而是会产生复合效应

既要关注KPI,更要关注习惯
- KPI决定能拿多少钱,而工作习惯决定能不能升职
- KPI可能会过期,但习惯不会

如何养成习惯

1. 要"提炼"出这样做的意义
   - 短期目标和长期习惯,哪个更有意义
   - 明白了意义,就更愿意投入意志力

2. 要看清事物的本质
   - 避免"浪得虚名"
   - 找到事物的因果关系"因"上发力

3. 做事要有结构化的安排
   - 定量练习,有节奏地增加难度
   - 过度练习会导致失兴趣

4. 从养成小习惯开始

要想成功,就要重新定义自己

- 把养成习惯当作目标,而不是把结果当作目标
  - 英语考试考多少分 → 成为英语爱好者
  - 半年减肥多少斤 → 成为健康饮食者
  - 对KPI的追求 → 成为卓越的领导者

- 反问自己:如果事业没有成就,你对它的爱到底有几分?

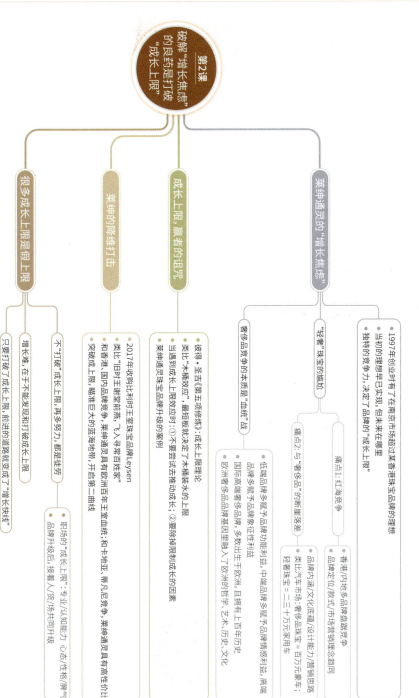

个人成长篇——成长的第一责任人是自己

第3课 用无限游戏消解时代焦虑

美国哲学家詹姆斯·卡斯《有限与无限的游戏》
- 人们迫切需要一个"游戏观"的**转换**,即从有限游戏转向无限游戏。

两种游戏观的启示
- 启示一
  - 有限游戏以取胜为目的
  - 无限游戏以延续游戏为目的
- 启示二
  - 有限游戏在边界内玩
  - 无限游戏与边界玩
- 启示三
  - 有限游戏在规则内玩
  - 无限游戏玩规则

用无限游戏心态去玩有限游戏
- 有限游戏追求成功,无限游戏追求成长
- 重新定义什么才是人生真正的目标
  - 大多数人混淆了目标和指标
    - 以减肥为例:目标——健康的身体和美丽的身材 指标——每隔多长时间减重多少斤
    - 以员工为例:目标——获得职业发展和成长 指标——季度/年度奖金、获得奖项
- 把无限游戏确定为目标,把有限游戏设定为达成无限游戏的指标
  - 动作不会变形
  - 心态会变好
  - 不会做舍本逐末的事情

牢记使命,玩一场无限游戏
- 使命观,就是一种无限游戏思维
- 面对选择,我不再抗拒;总是选择参与无限游戏

04

个人成长篇——成长的第一责任人是自己

第5课 复盘，让你精进每一天

"复盘"不是后悔药，但效果接近后悔药
- 复盘原是围棋练习方法，后被借鉴应用于组织管理
- 复盘是提升个人能力和组织绩效的重要管理工具
- 包含员工个人复盘、部门季度复盘、组织战略复盘、重大项目复盘等

要避免复盘流于形式
- 把复盘纳入公司的基础管理架构
- 要因斯坦说"复利是世界的第八大奇迹"
- 知识和能力也有复利的特点，复盘就是让你的能力不断产生复利效果

复盘四步骤
- 列出目标和结果的差异
- 分析原因（找到成功要素和失败原因）
- 总结规律
- 将总结出的规律，运用在后续的行动中

复盘提升团队凝聚力，发现问题的本质

复盘是反思的过程
- 反思不是批评行为，而是思考做事方式和思考的方式对不对，找到问题的根源所在

复盘是共创的过程
- 让每个员工都了解部门的使命和目标
- 从整体来看待自己的工作，培养结果导向意识

个人成长篇——成长的第一责任人是自己

第6课 优秀员工，都具有阿甘的"傻"和曾国藩的"呆"

什么是阿甘精神

- 奥斯卡影片《阿甘正传》
- 阿甘的特点
  - 乐观主义
  - 理想主义
  - 坚守信用
  - 坚韧不拔
  - 简单
  - 实干
- 许多优秀企业家都自比阿甘

曾国藩又"笨"又"慢"平天下

- 一生坚持笨拙，不走捷径
- "结硬寨，打呆仗"
  - 不论敌进敌打仗，先靠谱地形，挖壕沟，扎营寨
  - 打退敌人，再向前挖壕沟
  - "结硬寨"进可攻，退可守
  - 把敌方围困至弹尽粮绝，就是所谓的"打呆仗"
- 熬死了不可一世的太平天国
- 曾国藩成为立德、立言、立功的圣人

"傻瓜"成功的底层逻辑-复利原理

- 阿甘和曾国藩的共同特质
  - ①简单；②强大而持久的信念
- 有智慧的人都是长期主义者

落实GSA就是结硬寨，打呆仗

- Goal（目标）＝Strategy（策略）×Action（行动）
- 提炼组织的关键目标G，确定达成的关键策略S，明确落实每个S背后的行动A
- 认真真地梳理好每个部门/模块/战区/门店的GSA，不偷懒，不取巧，傻傻地去执行，就是最大的智慧

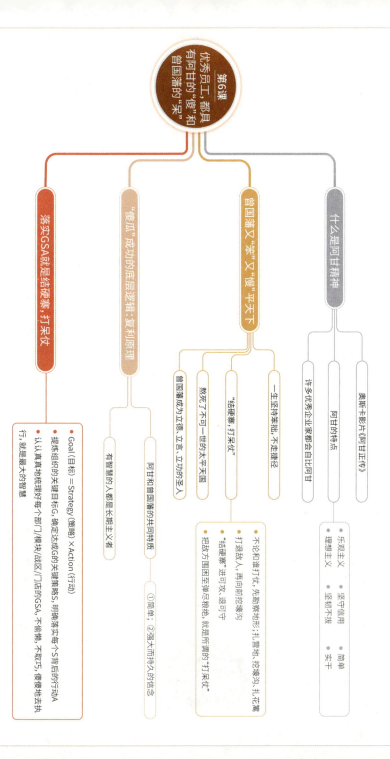

心智提升篇——人生高度取决于心智模式

第7课 什么是心智模式

知识与心智模式
- 查理·芒格的比喻
  - 假如你手上只有一把榔头,那你看什么都像钉子
- 知识只有转换成心智模式,才能快速调动和使用

心智模式是直接向理性迈进
- 好的心智模式让我们离成功更近一步
- 心智模式是价值观、知识和过往经验糅合在一起的综合体
- 心智模式的形成需要刻意练习和反复运用
  - 例1:凡事都从"为什么"开始发问,不断回到初心、回到目的
  - 例2:当遇到挫折或问题时,"反求诸己"而非"怨天尤人"
- 体现个人的"气质、修养和学识"

三层心智模式
- 最上层:具体学科运用层面的第一性原理
  - 如市场营销里的4P理论、零售领域的人货场论、人力资源的三支柱模型和KPI理论、战略管理的SWOT分析法等
  - "术"的层面,属于初步抽象
  - 是具体专业知识的总结,超出所属的专业就会失效
- 中间层:某个大学科的第一性原理
  - 如管理学中的激励原理、心理学中的马斯洛需求层次理论、经济学中的"看不见的手"原理和价值交换定律等
  - "法"的层面,属于学科内通用,在所属大学科内通用,跨出学科就会失败
- 最底层:基石第一性原理
  - 如物理学中的第一性原理、进化论、生物学中的辩证法等
  - "道"的层面,属于高度抽象
  - 可以提供理解世界的新视角,是所有学科的基础原理

三层心智的特点
- 通过结构、框架来搭建
- 逻辑奇点的下移
  - 优点:上手快、有重点,缺点:难以迁移、难以创新
- 逻辑奇点继续下移
  - 扩展知识的边界
  - 打通底层操作系统

建立结构化的心智模式
- 不能止步于掌握一两条心智模式,而要结构化地掌握一系列心智模式
- 建立全局性视野

心智提升篇——人生高度取决于心智模式

第8课 你和大师的差距只是心智

生命有限，知识无限
- "吾生也有涯，而知也无涯。以有涯随无涯，殆已！"
- 知识是无穷无尽的，要把有限的精力用在追求"道"上

心智模式，让时间折叠，生命的延展

人类的基因突变
- 大约200万年前，人类祖先基因突变，咀嚼肌肉生长放缓，释放出了大脑发育的空间
- 但是脑容量变大需要几十万年才能体现优势，那如何解决当下咀嚼的问题呢

河森堡《进击的智人》：时间折叠
- 食物在口腔外预先处理，主要是用石头砸自己咀嚼，时间并联；用石头砸碎，时间串联
- 人类在时间面前有了高度自由

工具决定成败
- 人类食谱扩大，进食时间缩短，开始社会分工
- 面对其他动物，人类用石头决定性优势

思维工具是更伟大的工具
- 学习更快，效率更高，效果更好
- 从其他人的竞争中胜出
- 心智模式就是更快速达成成长的思维工具

心智模式，决定你的人生

不同的心智模式带来完全不同的人生价值
- 心智1：这件事教会了我什么
- 心智2：这件事教会了我什么
- 前者仅限于情绪的发泄，后者却聚焦于自我的提升

改善心智模式，提升决策力和创新力
- 没有心智模式的指引，面对纷至沓来的难题，我们难以快速决策
- 熊彼特《经济发展理论》
- 创新来自生产要素的重新组合
- 关键在于我们要重构看世界的方式

与其临渊羡鱼，不如退而结网
- 天才的背后有着一套和常人不同的算法
- 只是仰视没用，要尽快学习厉害的心智模式，向大师看齐

心智提升篇——人生高度取决于心智模式

第9课 271是大自然法则

- **风靡全球的271活力曲线**
  - 来源：通用电气前CEO杰克·韦尔奇
  - "区别"对待
    - A级：公司表现最好的前20%员工
    - B级：表现较好或一般的员工，占70%
    - C级：表现欠佳的员工为最后的10%
    - 给A级更广阔的发展空间；鼓励B级努力成为A级，给予C级3~6个月改进期，不改进则会面临淘汰
    - 企业面临更残酷的竞争，不能进入前20%品牌就会灭亡
  - 优胜劣汰是大自然的法则

- **进化就是适者生存**
  - 企业发展会经历的阶段
    - 行业环境好 → 过度繁殖 → 生存竞争 → 遗传变异
    - 行业龙头占据各项优势

- **不遵循大自然法则，就会被大自然无情淘汰**
  - 271管理的本质：区别对待
  - 自然环境、社会环境，企业经营环境无不遵循着优胜劣汰的法则
  - 逃避271是徒劳和幼稚的
  - 从271当中看到自己的机会
  - 天地不仁，以万物为刍狗

- **不淘汰"垃圾股"，自己就成"垃圾股"**
  - 高绩效员工就像"绩优股"
  - 有未来的员工就像"潜力股"
  - 低绩效员工就像"垃圾股"
  - 拥抱绩优股，培养潜力股，坚决淘汰垃圾股

第10课 向死而生，逆向思维

心智提升篇——人生高度取决于心智模式

"向死而生"让人活得更健康

- 查理·芒格引用的苏格兰谚语：如果我知道我会死在哪儿，那我将永远不去那个地方。
- 从失败的结果出发，反过来思考问题，从而推导出行动方案
- 如果在企业文化、赋能服务、绩效成绩、工作效率上提前准备，一定能自信面对未来
- 然而，可怕的是：
  - 一面诚惶诚恐地担心被企业淘汰，一面又在做着违背价值观的事

逆向思维，让成功变得轻松

- 英特尔前CEO安迪·格鲁夫的逆向思维
  - "我们要是被辞退了，新来的人会做些什么呢？"
- 从"成功结果"逆向思维
  - 逆向思维：什么样的孩子会拥有幸福人生（快乐童年，培养艺术感受力）
  - 顺向思维：学钢琴画画好，我的孩子也要学
  - 先定义结果是什么，列出达成结果的必要要素，然后反推我们今天该怎么做
- 从"失败结果"逆向思维
  - 导致被公司淘汰，被时代淘汰的，有哪几种可能因素
  - 懒惰，消极抱怨，自我导向，因循守旧，执行力差，骄傲自满，不诚信等
  - 消除这些因素，成功的可能性就大多了

高手都是"填坑"能手

- 工作来比足球比赛，不仅要努力进球还要做好防守
- 识坑、填坑行动工具化，结构化，嵌入绩效

逆向思维，成功者的心智

- 可以从成功因素反推行为，也可以从失败因素反推行为
- 逆向思维就是从结果反推行为
- 逆向思维帮助我们避免做无用功

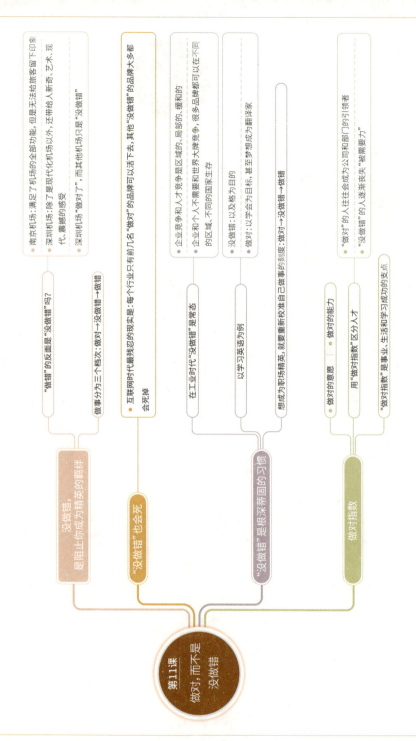

心智提升篇——人生高度取决于心智模式

第12课 消灭问题解决问题

高手消灭问题，普通人解决问题

- 普通人想到的是解决当下问题，未来问题还会层出不穷
- 高手思考问题是怎么产生的，通过不让问题产生而从根本上解决问题
- "万折必东"，万物总要按着应有的规律发展

扁鹊三兄弟谁最厉害

- 上医治未病，中医治欲病，下医治已病
- 但因事前铲除了病因，所以没什么名气
- 看起来只治小病，只在乡里出名
- 做大手术，被认为医术高明，享誉全国
- 扁鹊的长兄治病于病情发作之前
- 扁鹊的中兄治病于病情初起时
- 扁鹊治病于病情严重之时

如何提升策略力

- 必须认真学习专业知识
- 通过改善心智模式提升认知能力，提供解决问题的新视角
- 积极主动向公司内外的标杆、榜样学习
- 自我批判和自我革新

策略力就是消灭问题的能力

- 要赢，除了勇气，还必须有策略力
- 策略力是专业、智商、情商、眼界、格局等方面的综合体现

心智提升篇——人生高度取决于心智模式

第13课 模型,战胜动物性思维的利器

高手魔法的核心

- **step1: 构建模型**
  - 中国人的心算模型——乘法口诀
  - 莱绅通灵的首饰设计也有一套王IP的创作模型
  - 棋圣吴清源,要成为围棋高手很简单,只要背下一万个高手的棋谱即可

- **step2: 反复练习**
  - 比如反复背诵乘法口诀并在实际场景中使用
  - 把成功模型变为自己的心智模式

- **step3: 及时反馈**
  - 最顶级的运动员也需要教练,教练就是在做"及时反馈"
  - 做错的时候及时纠偏,做对的时候保持正确
  - "及时反馈"是管理者的事情

- 管理者是模型的构建者
  - 只有按"套路"出牌,成功才可能是大概率事件
  - 监督下属按"套路"反复练习,形成条件反射

成功,原来是按图索骥

- 《徒手攀岩》Alex的故事
  - 如何控制徒手攀岩的风险
  - 挑战914米的单体花岗岩
  - Alex的成功就是按图索骥
  - 只要勤于练习
    - 8年带绳攀爬近60次 / 记录每次路线笔记
    - 反复考察路线 / 反复修改攀爬细节
- 工作也是探险
  - 管理者要承接摸索和搭建工作模型的责任
  - 员工按图索骥,工作结果更可靠

思维模型决定行为模型

- 世界按照模型运转
  - 大到日月星辰,小到一日三餐
  - "超人"都有超级思维模型
- 思考的快与慢:快思考vs慢思考
- 以模型的确定性应对结果的不确定性
- 竞争就是模型的竞争
  - 学了很多知识还是过不好一生,是因为虽然学了知识,却无法进入快思考
  - 一是通过集industrial广盘对故事的流程和时间节点进行固化
  - 二是找到合适的人培训,按模型作业
  - 厉害的人,掌握了比我们更好的思维模型
- 管理者的价值体现在输出优质模型上
  - 为头脑武装先进的思维模型
  - 建立工作模型,使用工作模型

战胜动物性思维的重要工具

手把手教你如何设计模型

- 设计模型的要点:关键因素权重、相关利益方权重、简单、做个"狠人"

掌握模型,成为"价值放大器"

- 米其林牛排的神秘酱料
- 成功的品牌和人都拥有价值放大器

心智提升篇——人生高度取决于心智模式

第14课 防熵增是生死命题

熵的定义
- 封闭系统中对无序和随机的计量单位
- 混乱、有序性的衰减、熵增、不明确、衰败等
- 熵的增加，是一定的，不可逆的

组织防熵增
- 任何组织随着时间的推移，必然走向涣散、官僚化、混乱化、腐败化，并最终走向死亡
  - 抵制形式主义
  - 化小核算单位
  - 机械论组织向进化论组织系统转变
- 打破封闭，对外开放，构建生命力，远离平衡态
  - 朝着熵的相反方向，以对抗熵增的趋势
  - 新陈代谢是最有效的防熵增手段
  - 不断给组织输入外部能量
  - 让外部优秀员工进入团队
  - 打破组织边界，让封闭变得开放

新陈代谢，走向开放
- 防熵增需要新陈代谢
- 组织必须走向开放

小心自己成为熵
- 传递负能量就是"灌熵"
- 增加"负熵"：不断学习，打破认知边界，少和消极的人在一起
- 生活中工作中自己不要成为别人的熵

没策略力死知假药
- 企业要能解决问题的管理者
  - 策略力，关键看能不能解决问题
  - 招聘或提拔没有策略力的员工，就相当于花钱买了假药
- 不看口号，看疗效

人生最终要算总账
- 人的生命是有限的，对熵的控制能力决定了人生效率
- 负熵—熵＝生命价值

成就员工篇——管理就是经营人

- 对外,经营客户,裂变客户
- 对内,成就员工,裂变人才

第15课 人才裂变,管理者的使命

2020年莱绅通灵把"经营人"纳入公司价值观

- 产生人才的机制才是成功企业的核心竞争力
- 人才裂变是基于组织未来的需求
- 把有限的资源用在更有潜力的员工身上

人才裂变,让公司、管理者、员工多赢

管理者最大的价值是培养员工

- 优秀管理者,手下良将如云;差的管理者,手下人才捉襟见肘
- 缺乏人才,主要责任在管理者身上

好的领导者,不仅能创造好的业绩,还能孵化和裂变出更多人才

- 重教练,轻命令
- 重激励,轻处罚
- 重反馈,轻批评
- 重选择人,轻改变人
- 重群策群力,轻个人决策

将人才裂变纳入人员考核

其中人才裂变力是管理重点考察项

管理者人才五力模型:使命力、破局力、人才裂变力、模型力、行动力

员工每月、每季度进行五力模型自评

- 适时知道自己的"五力"与同事相比所处位置
- 降低五力模型年度评估意见不一致程度
- 由上级评估变自己举证

成就员工篇——管理就是经营人

第16课 人才五力模型 让"识人"不再难

人人都有"虚幻的优越感"
- 我做得比大多数人都好
- 出现问题时习惯性归咎于外

人才评判维度不能多也不能太少
- 简单派：人才评估"九宫格"，业绩和价值观两个评估维度，颗粒度太粗
- 复杂派：颗粒度很细，很难有符合的人才

莱绅通灵管理人员五力模型
- 使命力：考察价值观匹配度，主动性/投入度
- 破局力：考察专业能力，实际解决问题能力，创新力
- 人才裂变力：考察文化传播和对下属培训能力
- 模型力：考察管理人员考察管理构建和管理模型能力
- 行动力：考察工作效率和执行力
- 人才五力模型体现公司战略意图和文化

人才五力评估，员工能力动态追踪
- "××力"可以带来"刻度感"
- "赛跑力"与"破局力"的区别
- "人才裂变力"与"教练力"的区别
- 人才的能力不是恒定不变的，需要动态跟踪、动态评估

统一企业和员工对其自身的认识
- 纠正夸大自身价值的倾向
- 有利于上级发现员工短板，有的放矢帮助员工提升自我，有利于员工寻找差距，自我提升

成就员工篇——管理就是经营人

第17课 比KPI更重要的，是人才价值评估

价值评估须抽象化
- KPI考核不能等同于员工能力评估，还需要其他工具和方法
- 莱绅通灵的人才五力评估就是对现代企业管理人员抽象出五个最基本的要求

企业最大的资产是员工
- 不激励员工提升能力，企业的资产就会持续贬值

五力模型前置，贯穿始终
- 消除视角差异
- 贯穿入职、工作、离职三个阶段
- 五力评估看似残酷，实则包含企业极大的爱
- 只有知道自己在团队的位置，才能及时调整，适应竞争，赢得竞争

绩效背后是能力
- 业绩其实是"果"，能力是"因"
- 绩效考核关注"果"，人才五力评估关注"因"
- 针对性帮扶"五力"成绩低的员工
- 给员工创造成功的条件

员工自我举证，让评估更客观
- 周期归零制
- 自我举证
- 公开晾晒
- 单维度271

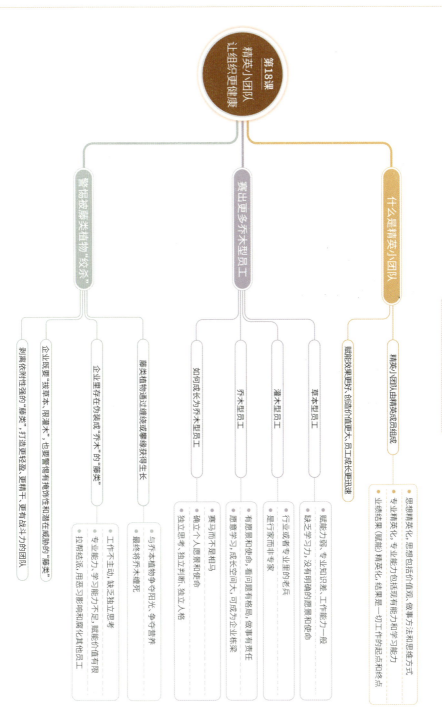

成就员工篇——管理就是经营人

第19课 好上级都是躬身入局者

为什么优质候选人常常水土不服
- 名牌大学毕业，出身世界500强企业，学习能力强
- 各方面都很优秀，可是就是做不出业绩
- 却绩效不佳，人才盘点垫底
- WHY?

成事者须具备躬身入局、挺膺负责的精神
- 曾国藩：天下事，在局外呐喊议论，总是无益，必须躬身入局，挺膺负责，乃有成事之可冀。
- "躬身入局的人"就是"做事的人"
- 不是解决想象中的问题，而是回应真实世界中的挑战

躬身入局，挺膺负责，体现"行动力"
- 和客户/下属一同深入业务场景
- 共同解决问题，克服困难，面对挑战/承担责任
- 公司首届"阿甘奖"获得者都是躬身入局者

既要入客户的局，也要入下属的局

- 躬身入局，第一要客户的局
- 以客户为中心，为客户赋能

- 躬身入局，第二要入下属的局
- 和员工一起探讨达成目标的路径
- 越是困难任务，越是要给员工指导

- 绩效和满意度差，多是不"躬身""不入局"

- 对于不在职责范围内的事务也能积极发挥自己的影响力

成就员工篇——管理就是经营人

第20课 我把同事变同学，长期陪伴，深度影响

跨部门、跨职级长期陪伴

- 小班招生
- 跨部门、跨职级的"大杂烩"
- 同事关系变同学关系

莱绅通灵特色私塾班：东塾堂

- 员工选择在一家公司工作，是其他人生最大的投资
- 公司给予的回报中需要有学习成长和快乐
- 把员工看成兄弟姐妹

关注学员的成长和喜怒哀乐

- 员工对于管理通识的短板令人忧心
- 办东塾堂就是CEO躬身入局
- 给员工一点点对未来的笃定，这就是东塾堂的目标之一

东塾堂坚持长期主义

他们是员工，更是"人"

企业变革的艰难

- 员工不明白为什么要变革
- 变革倒逼员工走出舒适区
- 变革升级后对员工的要求提高，很多员工无法满足要求
- 企业变革和员工自我成长是必然趋势

课程聚焦"底层逻辑"

- 学习哲学知识、科学知识
- 打通底层逻辑

博雅教育

成就员工篇——管理就是经营人

第21课 游戏化,领导者的新装备

- **一项不可能完成的任务**
  - 打游戏vs工作学习
    - 游戏耗时耗力还让人乐此不疲
    - 却不愿投入时间在工作学习上
    - 有没有可能把工作学习游戏化
  - 全员管理金句学习大赛
    - 通过学习管理金句明白公司管理意图
    - 除工作外,对生活也会有帮助
    - 增强与高素质顾客的沟通能力
    - 提高自身修养,迎接不确定的未来
  - 让年轻同事负责游戏学习项目
    - 钉钉—叮当答题

- **游戏化让学习变成全员狂欢**
  - 清晰的通关路径
    - 游戏规则清晰
    - 短时目标
    - 奖励与称号
    - 清晰的得分方法,获胜方法,为实现目标做出指引
    - 每个小关卡往往只需要1分钟,重在积累
    - 及时为达成的结果摇旗呐喊,给足成就感
  - 恰到好处的困难
    - 踮踮脚才能克服的困难,让人有兴趣和勇气去挑战
  - 及时反馈
    - 视觉化:通过可视手段进行激励
    - 数据化:及时呈现量化积累,提示"目标进度"

- **不愿工作是因为缺乏游戏感**
  - 让学习变得有趣而不是令人痛苦
  - 由浅入深,先易后难
  - 让愿意玩的人先玩起来,形成滚雪球效应
  - 及时反馈,及时激励
    - 学习和工作中的游戏也能让人"上瘾"

- **游戏化管理的重点**
    - 增强互动性和仪式感
    - 游戏设计的文化共识

- **领导者都需要补上"游戏课"**
  - 人类本性是"争先恐后"的
    - 游戏思维的背后是利用人性来管理

第22课 提升领导力的四项修炼

成就员工篇——管理就是经营人

卓越领导力需要结构化行为
- 管理人员的领导力究竟是由什么构成的
- 提升领导力除了战术方法以外还有没有战略方法

第一项修炼：领导自己

- **管理与领导的区别**
  - 管理：通过管理工具去控制或者驱动别人做事
  - 领导：影响力甚至感召别人
  - 管理：别人大多是被动的工作
  - 领导：别人往往感觉主动工作
  - 同时启发下属制定使命、愿景
  - 找到组织、自身和下属三者使命的共同点

- **感召力，引领团队走向胜利**
- **躬身入局，与下属并肩作战**
- **率先垂范：要求别人之前，自己先做到**

第二项修炼：使命探寻
- 把组织的使命、愿景解释给下属听
- 介绍自己的使命、愿景，增进了解和信任

第三项修炼：成为导师

- **教练与导师的区别**
  - 教练：教授专业知识，即具体的工作和业务知识
  - 导师：除了具体业务之外，还传递价值观和方法论
  - 教练：基于当下下属的工作任务开展培训工作
  - 导师：基于员工未来的成长进行辅导

- **培养习惯的养成**
  - 把习惯变成目标，而不是把结果当目标

第四项修炼：及时反馈

- **为什么要及时反馈**
  - 等到年终再进行反馈
    - 员工面对"最近"难以接受，也难以改善现状
    - 员工感到受重视，发现自我价值
  - 平时及时地给出反馈

- **管理者不能及时反馈的原因**
  - 没有真正关注下属工作
  - 不懂下属业务
  - 不愿意"得罪"下属

领导者和被领导者是相互成就的
- 既是下属也是战友
- 公司成就员工，员工成就组织

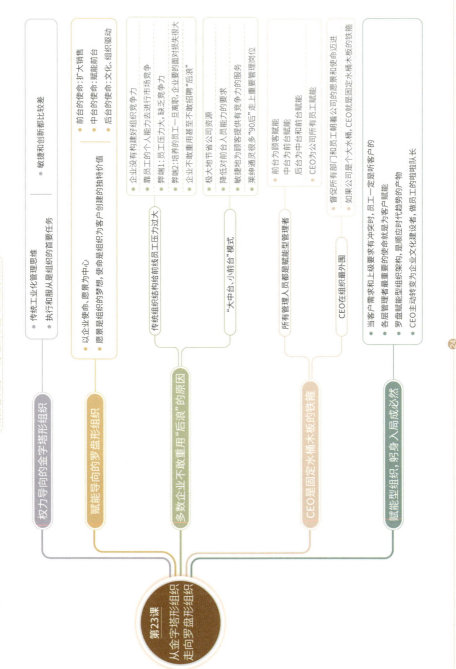

成就组织篇——好组织才能"长"出好绩效

第24课 管理者，千万别把好经念歪了

PK就是最大限度挖掘员工潜能

- 271排序是大自然的法则
- 不是为了淘汰员工，而是及时反馈员工在团队中的真实位置
- 不及时反馈才是对员工最大的伤害
- 排序原本就存在，只是把"潜规则"变为明规则

271排序使潜规则变明规则

- 市场部拆为一二部，对重大节点进行考标
- 生物型组织的创建离不开内部竞争
- 积极拥抱工作竞赛，营销策划质量明显提升

考核员工还是成就员工

- 考核不是KPI的最重要功能
- 五力模型是"体检"工具
- 人才是绩效结果的源头
- 考核员工还是成就员工
- 员工只有理解初衷才不会抵触

好经念歪的主要原因

- 企业文化重"员工至上"的理念
- 疫情下考核品质重双赢
- 自下而上没有人愿降低运营目标
- 员工在疫情期间自发播卖货

角度变，世界就会为你变

- 把打造年新30亿元在经理身上的人年度三大战略目标
- 从"要我干"到"我要干"
- 建立起互赢的关系模式
- 利他才有可能利己
- 企业的考核不是借假修真，借事修人

好经念歪

- 以KPI为例，莱钠通灵的KPI管理七步骤
- 把KPI简单等同于考核，真是南辕北辙
  1. 共识：上级要解释清楚KPI制定的WHY
  2. 制定：明确KPI的描述和意义
  3. 分解：个人的目标必将支撑组织的目标
  4. 辅导：辅导下属达成路径，协助调动资源
  5. 检查：在固定节点督促KPI进度和质量
  6. 评估：考核是为了达成而不是达不成
  7. 激励：及时激励，物质激励和非物质激励

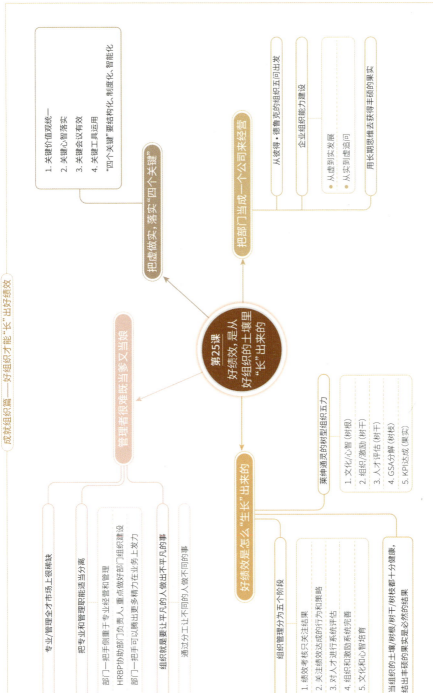

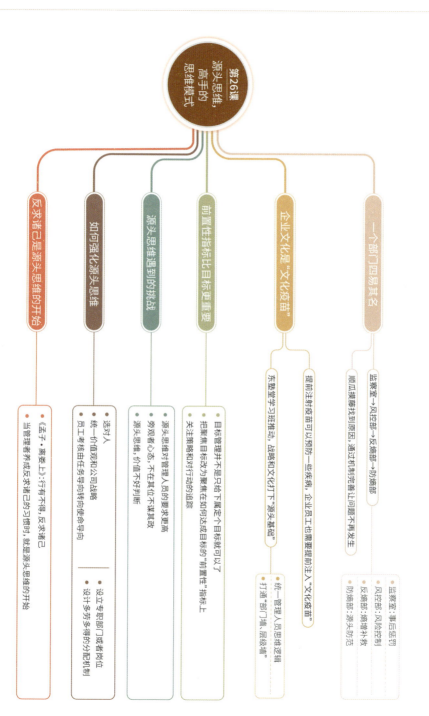

成就组织篇——好组织才能"长"出好绩效

第27课 企业管理之道：管理用机械论，发现用进化论

机械论和进化论
- 牛顿三大定律催生了第一次工业革命
  - 亚当斯密的《国富论》
  - 泰勒的《科学管理原理》
- 达尔文进化论："遗传变异，适者生存"

两种世界观对应两种管理模式
- 机械论世界观
  - 代表企业中可预测、稳定可控、有逻辑的那一面
  - 适应工业化社会（福特汽车、可口可乐、美国运通等）
- 进化论世界观
  - 代表企业中不可预测、变化失控、复杂的另一面
  - 适应互联网时代（谷歌、苹果、阿里巴巴、华为等）

机械论是骨架，进化论是神经
- 机械论工具勾画出组织的框架、界定原则和底线
- 进化论工具赋予组织敏捷和创新，应对复杂细节的变化
- 二者缺一不可，需要平衡

为何两者结合成为必然
- 机械论主导的组织决策模型缺陷凸显
- 需要快速适应企业内外部变化
- 进化论强调从经验中学习反馈，形成闭环

强者都是进化高手
- 提炼关键成功要素，让偶然变必然
  - 以赛车为例，比赛规则要符合机械论，驾驶员的应对要符合进化论
- 相马不如赛马
  - 271排序（内部PK制），华为红蓝军

没有对手的冠军，毫无价值
- 进化型组织借假修真
- 拒绝竞争就等于拒绝成长
- 员工自己是最大受益者

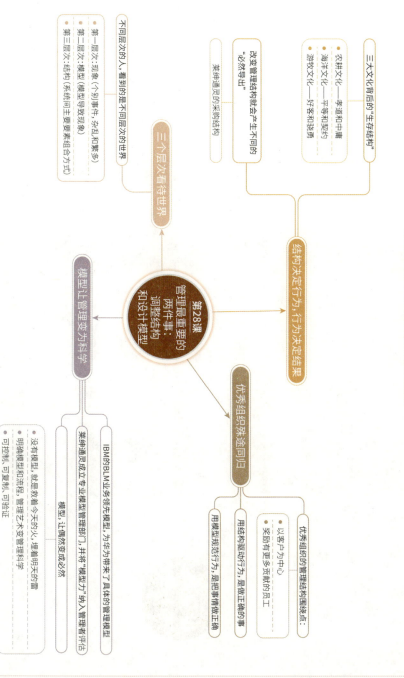

成就组织篇——好组织才能"长"出好绩效

第29课 最好的管理是"不管理"

种子的力
- 所有的生物里都蕴含着大自然的生命力
- 管理只要顺应员工天生的生命力和进取心就可以了

道法自然
《种树郭橐驼传》
- 无为而治并不是什么都不做
- 选好树苗
- 创造顺应其天性的生长环境
- 避免过度在意短期目标
- 自信,科学的管理方法
- 识别多余和必不可少的动作

复杂源于简单
- 沙丁鱼的自组织启发
- 群智涌现的力量
- 把管理建立在最简单的规则上

组织也有"遗传算法"
- 生物进化,遗传算法,保留亮点基因
- 伟大的企业都是一代一代演化出来的
- 寻找亮点是领导者最重要的事情之一
- 淘汰劣质基因,放大亮点基因
- 起点低不重要,只要进化够快

领导者做园丁,而不是做英雄
阿里巴巴三板斧
莱绅通灵人才五力模型
- 建脚手架,铺铁轨
- 莱绅通灵的关键行动与成就官
- 点燃人性中自带的能量
- 成为园丁式的领导,做组织环境的缔造者

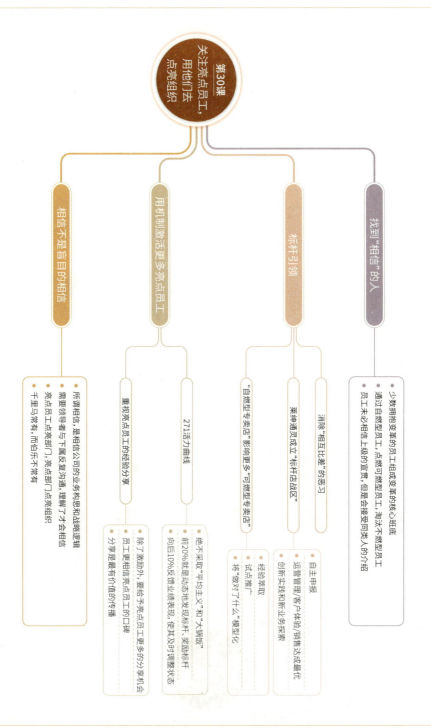

飞轮效应篇——从"做事"跃升到"做势"

第31课 想成功，就要从"做事"跃升到"做势"

"事"和"势"的区别

- 做事，是在点上发力；做势，是在系统（模型）上发力
- 做事，我们看见的是树木；做势，我们看见的是森林
- 做事，是具体工作；做势，是构建飞轮，打造生态
- 做事，是上手于"没做错"；做势，是力求"做对"
- 做事，是常见性思维；做势，是战略性思维

构建"飞轮"，把"做事"升级到"做势"

亚马逊的"飞轮"
增强回路

① 降低所有商品的价格 → ② 带来客户访问量的剧增 → ③ 吸引更多第三方卖家 → ④ 带来更多的优质商品和商家 → ⑤ 带来公司更多的投资收益 → ①

因增强果，果反过来又增强因 → 形成回路，反复循环增强。类比：良性循环

最有价值的是⑤→①

飞轮效应无处不在

莱绅通灵与消费者的飞轮效应
① 王室品位珠宝 → ② 增强了对消费者的吸引力 → ③ 带来渠道影响力 → ④ 增加销售 → ⑤ 提升员工满意度 → ⑥ 更好地诠释王室品位

莱绅通灵与加盟商的飞轮效应
① 公司加大对加盟商的培训、赋能 → ② 加盟商越来越理解公司战略的深层含义，更相信公司，更坚决执行公司战略 → ③ 加盟商效益提升 → ④ 品牌收益增加 → ⑤ 公司可以给加盟商更多赋能

莱绅通灵与员工的飞轮效应
① 成就员工 → ② 员工得到成长，能力增强 → ③ 销售提升 → ④ 员工收入提高 → ⑤ 员工满意度提升

从"做事"到"做势"，构建战略优势

好的品牌不仅为公司和消费者带来价值，还可以为渠道方赋能

莱绅通灵与渠道方的飞轮效应
① 王室文化差异化的品牌形象 → ② 激活其他珠宝品牌的创作热情 → ③ 吸引更多追求品位的年轻消费者 → ④ 带来渠道流量 → ⑤ 品牌和渠道方的收益提升

"做势"的人稀缺，"坏势"的人不少

不能落入"坏势"的厄运飞轮

莱绅通灵员工学习企业文化的飞轮效应
① 学习企业文化 → ② 思维升级和心智模式跃迁 → ③ 工作行为改变 → ④ 业绩结果发生 → ⑤ 个人收入提升

"做势"的人往往是孤独的

大部分的人失注在眼前的得失，而失去了长久的发展机会

卓越的人一定在"做势"

从"做事"到"做势"是一种思维的飞跃

飞轮效应篇——从"做事"跃升到"做势"

第32课 成功不难，只要找到你的小飞轮

大三角飞轮效应

- 第一步，欧洲商人把工业品/酒/枪支卖到非洲换取黑人奴隶
- 第二步，把黑人奴隶运到美洲卖掉，购买美洲生产的糖/烟草/白银
- 第三步，把美洲的东西运回欧洲卖掉，再采购欧洲的产品
- 英国的贸易形成了不同于普通贸易的飞轮效应

飞轮效应的核心是相互赋能

飞轮效应的含义
- 各个业务模块相互推动，像齿轮一样相互带动
- 从静止到转动需要花费比较大的力气
- 一旦转动起来，齿轮就会转得越来越快

飞轮效应的核心
- 各个业务模块相互赋能，相互推动
- 让对方更好，自己也变得更好

双赢思想是飞轮效应的开始
- 构建飞轮效应需要有大局观
- 为别人赋能的本质就是为自己赋能

你的飞轮在哪里

飞轮效应无处不在
- 学习企业文化与工作可以相互赋能产生飞轮效应
- 品牌与渠道方可以相互赋能产生飞轮效应
- 公司前台与中后台也可以相互赋能产生飞轮效应

飞轮效应篇——从"做事"跃升到"做势"

第33课 揭秘莱绅通灵战略飞轮

飞轮效应六要素
1. 整体思维
2. 多赢思维
3. 率先行动
4. 理解时间滞延
5. 优化不合格伙伴
6. 回顾、复盘

飞轮效应是互为杠杆
- 互动双方互为杠杆，相互加力
- 利人利己，成就别人的同时，别人也在成就你
- 产生良性循环，监督成本降低

揭秘莱绅通灵战略飞轮
企业成功的公式是：成功 = 竞争战略 × 组织能力 × 员工意愿 × 企业文化

第一大战略
赋能王宫品位 —— 解决市场竞争力问题

第二大战略
构建全飞轮生态系统 —— 解决组织能力问题

第三大战略
创建平台型组织 —— 解决员工工作意愿问题

第四大战略
强化公司文化 —— 解决持续发展问题

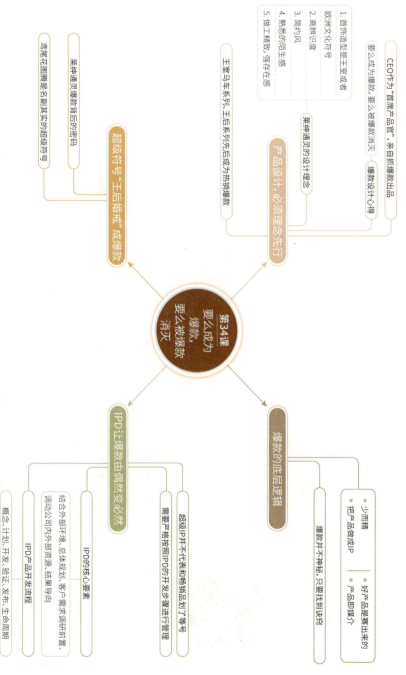

"飞轮效应篇——从"做事"跃升到"做势""

第35课 怎样用"意外感"升级品牌

流行源于"熟悉的意外感"
- 熟悉和意外是两种对立的、截然相反的力量
- 但却共同左右了我们对选择产品的偏好
- 玛佳法则
  - 在能被接受的前提下，尽可能前卫一点

品牌深度区隔，制造意外感
- 定位理论的核心
  - 在顾客心智中区隔竞争
  - 定位不是你对产品要做的事，定位是你对预期客户要做的事
- 莱绅通灵
  - "王室珠宝 王室化"
  - "在客户所有感知点上深度'王室化'"
- 品牌经营10问
  1. 顾客要什么
  2. 顾客购买行为的本质是什么
  3. 顾客购买的动机是什么
  4. 顾客的生活方式是什么
  5. 顾客没有说出的需求是什么
  6. 顾客的消费频率是什么的
  7. 顾客通过什么样的渠道来接触我们
  8. 顾客通过什么途径来理解和相信我们
  9. 我们给顾客的核心价值承诺是什么
  10. 我们如何兑现这个核心价值承诺

人的、货的、场的深度区隔
- 人的区隔
  - 专业珠宝知识｜了解欧洲文化和王室故事｜提供王室品位服务体验
- 货的区隔
  - 工艺和设计都与王室服务同等标准｜"强王室IP化"的设计原则
- 场的区隔
  - 王室元素视觉锤｜王室氛围体验感｜王室为值客户经营
- 只有熟悉感没有意外感，就会变得俗气
- 只有意外感没有熟悉感，就会变得另类

品牌降维打击
- 莱绅在欧洲为王室服务，属于顶级奢侈品
- 莱绅进入中国市场，品牌定位做了适当下移
- 与其更好，不如不同
  - 降维打击，瞄准顶奢和轻奢之间的蓝海领域
  - 国内奢侈品已为红海领域
  - 通灵珠宝品牌战略升级脱胎换骨的品牌自我革命
  - 不是简单升级，而是脱胎换骨的品牌自我革命
  - 钻石代表爱情，莱绅通灵的钻石不仅代表爱情还代表王品位

区隔思维是稀缺资源
- 从众心理的基因造成了人类的标配 ｜ 墨守成规却还是特立独行
- 继续随波逐流注定不会有未来

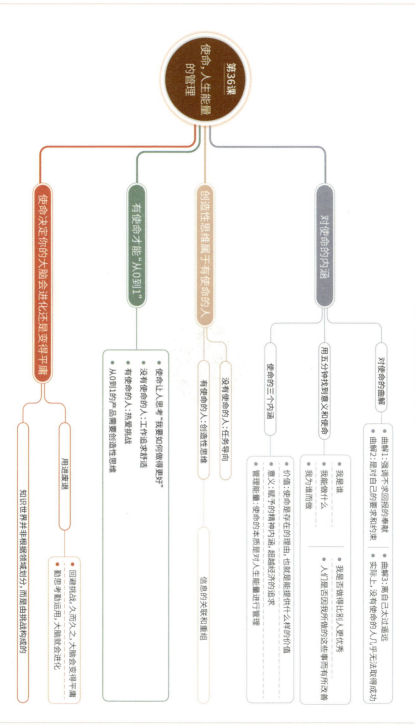

使命出发篇——使命是职场人的灵魂

第37课 使命，让实现梦想有了阶梯

伟大组织和人都有自己的愿景和使命

- 一是存在的理由，二是凭什么能战胜竞争对手
- 使命有两层意思
- 愿景是你期待的状态、希望成功的样子

找到事业支点，不做可有可无的人

- 员工本质上是"人力资源提供商"，是小微企业
- 构建核心竞争力，要从确立自己的使命开始
- 做有价值的创造者，而不是价值索取者

构建愿景和使命对职场生涯的好处

- 明确了自己未来的大目标
- 好把自己的力量和资源往一个方向集中
- 有利心态调整，努力工作，最终受惠的是自己
- 让工作更有意义，更愿意持续投入精力

使命出发篇 —— 使命是职场人的灵魂

第38课 企业通过使命打造核心竞争力

使命引导企业战略

- 使命让企业与众不同，让企业更有竞争力
- 不同企业的使命
  - 阿里巴巴：让天下没有难做的生意
  - 迪士尼：使人们过得快乐
  - 莱绅通灵：赋能王室品位
- 企业如果没有使命，往往是顾客要求企业做事情；有了使命，往往是企业主动为顾客做事情

企业存在的唯一理由就是它的使命

- 正面案例：沙克尔顿南极探险
  - 将探险与荣誉联结，使命感召
- 反面案例1：美国铁路营收萎缩
  - 以自己的产品"铁路"为导向，而不是以客户的需求"运输"为导向
- 反面案例2：美国好莱坞
  - 面对电视剧的冲击，却又对电视剧行业不屑，其实电影行业和电视剧行业，本质上都属于娱乐业
- 往往缺少的不是机会，而是正确地定义自己的使命

使命出发篇——使命是职场人的灵魂

第39课 员工通过使命练就职场绝活

每个员工都是一个小微企业
- 通过为企业创造价值来获取价值
- 把自己的战略性资源全部投入到完成自己的职场使命上
- 企业使命与员工使命都无法一蹴而就

找到使命，就找到了撬动事业的杠杆
- 海底捞的杠杆——"双手改变命运"
- 亚马逊的杠杆——"成为全球最以客户为中心的公司"
- 使命让我们把所有资源投入到一个点上发力
- 使命撬动的是飞轮

职场人如何找到自己的杠杆
1. 价值 —— 立足于价值产出
2. 擅长 —— 考虑自己的经历，确定擅长的方向
3. 稀缺 —— 既有价值，又很稀缺
4. 趋势 —— 长期命题，甚至是一生的追求
5. 意义 —— 全情投入，对自己和社会都有意义

用进废退，使命创造奇迹
- 有职场使命的员工是：我要工作。没有职场使命的员工是：要我工作
- 把战略性资源用在战略性事务上
- 取得成绩然后会投入更多的精力

第40课 如何找到自己的使命

使命出发篇——使命是职场人的灵魂

使命是人生意义感的来源

- 乔布斯在斯坦福大学的演讲
  - 只有真正相信自己做的是伟大的工作，才能够安然目得
- 四个自问
  1. 我真正擅长的是什么
  2. 客户是谁
  3. 客户能从我的服务中得到什么价值
  4. 我的服务和别人的比有什么不同
- 人生意义感的来源
  - 自己喜欢的、擅长的和别人所需要的三者汇点
- 工作职责是使命吗
  - 以教师为例：按教学大纲授课vs教书育人
- 追问"目的"
  - 只须在岗位职责上向前迈一步
- 工作本该快乐
  - 使命让你成为工作的主人

向前迈一步就是"使命"

- 莱绅通灵"联结使命名注"
- 非营利组织：愿景成基慕会
  - 人力资源部→飞轮生态部
  - 监察部→防腐部
  - 运营中心→增长中心
  - 首席执行官→愿望教母
  - 行政助理→暴随女神
  - 公关经理→魔法信使

联结使命的名称

- 好处1：主动让别人知道我是谁
- 好处2：时时提醒自己的使命是什么

探寻"优势的我"

- 意识到自己的独特优势，会激发你的工作热情
- 让员工充分表达自我，感受最佳自我

拥抱内部竞争

- 良性的内部竞争机制
  - 腾讯：QQ与微信
- 战胜外部竞争对手的同时，促进员工成长为职场精英
  - 华为：内部红蓝军
- 每个员工都是待开垦的金矿